कविताएँ

दक्खिन टोला

दक्खिन टोला

अंशु मालवीय

लोकभारती पेपरबैक्स

पहला संस्करण 2002 में इतिहासबोध प्रकाशन से प्रकाशित

लोकभारती पेपरबैक्स में
पहला संस्करण : 2024

लोकभारती पेपरबैक्स : उत्कृष्ट साहित्य के लोकप्रिय संस्करण

लोकभारती प्रकाशन
पहली मंजिल, दरबारी बिल्डिंग, महात्मा गांधी मार्ग
प्रयागराज-211 001
द्वारा प्रकाशित

शाखाएँ : 1-बी, नेताजी सुभाष मार्ग, दरियागंज, नई दिल्ली-110 002
अशोक राजपथ, साइंस कॉलेज के सामने, पटना-800 006
1, अनमोल सोराबजी संतुक लेन, धोबी तलाव, मरीन लाइंस, मुम्बई-400 002

वेबसाइट : www.lokbhartiprakashan.com
ई-मेल : info@lokbhartiprakashan.com

विकास कंप्यूटर एंड प्रिंटर्स
ट्रॉनिका सिटी-201 102
द्वारा मुद्रित

मूल्य : ₹299

DAKKHIN TOLA
Poems by Anshu Malviya

ISBN : 978-81-19996-09-4

भाई वसु को
जिसकी अनुपस्थिति के
हम आदी नहीं हो पाए

क्रम

भूमि...की थोड़ी, थोड़ी आ...काश की

बूढ़े बेरमन के पास एक ख़ाली कैनवस है, जिसकी ओर देखकर वह हमेशा कहता है कि कभी न कभी एक मास्टरपीस ज़रूर बनाएगा। एक बीमार लड़की जिसने अपनी खिड़की से सटी एक बेल से गिरती पत्तियों को अपनी नियति से जोड़ लिया है। उसे लगता है जिस दिन अन्तिम पत्ती गिरी वह मर जाएगी। बेल में अन्तिम पत्ती बची है। उस रात तूफ़ान के साथ बारिश आती है। लड़की को बचाने के लिए बेरमन उसके कमरे की खिड़की पर चढ़कर एक पत्ती बेल के साथ पेंट करता है। उसी रात वह मर जाता है, वह कैनवस इन्तज़ार ही करता रह गया। मास्टरपीस बना, बरसात की एक तूफ़ानी रात, किसी बीमार लड़की की निराशा की बेल पर अन्तिम मजबूत पत्ती की शक्ल में। उसे उम्मीद की बेल की पहली पत्ती भी कह सकते हैं। बेरमन मर गया। ख़ाली कैनवस और मास्टरपीस बनाने के रोमांच से दूर किसी जुनून में मुब्तिला बेरमन और बेल से लटकी 'अन्तिम पत्ती' के रूप में उसका मास्टरपीस। ओ. हेनरी की यह कहानी हमेशा मुझसे जाती तौर पर कुछ कहती-सी लगती है। आज मैं उसे समझने की कोशिश कर रहा हूँ।

क्या महान रचनाकारों से लेकर मुझ जैसे अदना कवि तक, सब किसी मास्टरपीस की सक्रिय प्रतीक्षा में नहीं लगे हैं? सबके स्टूडियो में एक ख़ाली कैनवस रखा हुआ है, पैडस्टल पर। एक ऐसी प्यासी अँजुरी की तरह, जिसे पानी का इन्तज़ार है। यह रचनाकार का मनोविज्ञान है। अपनी रोज़मर्रा की ज़िन्दगी, फुटकर एहसासों, दिमाग़ का दरवाज़ा खोलते धड़धड़ा कर आते विचारों और थोड़ा-थोड़ा जी लेने के दबावों के बीच एक डायरी...एक कैनवस...एक भंगिमा...एक सुर...एक पत्थर... एक रिश्ता...कहीं छुपा के रखना और रोज़ अपने को याद दिलाना—'मुझे एक मास्टरपीस बनाना है।' रोज़ी और रुटीन के चलते घर से हड़बड़ी में निकलना लेकिन जाते हुए अपने उस कैनवस को थपथपाना न भूलना—'मेरा इन्तज़ार करना...जल्दी ही लौटूँगा...हम आज ही काम शुरू कर देंगे...', और रात को थके-माँदे लौटना... तो माफ़ी माँगते हुए अपनी उस डायरी...उस कैनवस...उस भंगिमा...उस सुर... उस पत्थर...उस रिश्ते की ओर देखना और कहना—'अच्छा कल सुबह जल्दी उठ के ज़रूर...।'

मगर सबकी यात्रा में शायद ही मास्टरपीस के पड़ाव आते हों। एक-दूसरे को निरस्त करती तमाम भावनाएँ—मूल्य...विचार...दिशाएँ...और इनके बीच से कोई अर्थवान अभिप्राय निचोड़ लेने के श्रम से प्रकम्पित कितने दिमाग़ किसी दिन चुपके से काम करना बन्द कर देते हैं। इस तरह असफलताएँ ही इतिहास को आगे बढ़ाती चलती हैं। 'कुछ' पा जाना भी 'बहुत कुछ' न पाने की असफलता ही तो है। ऐसे में रचनाकार के पास हेमिंग्वे के 'ओल्ड मैन एंड द सी' के उस बूढ़े आदमी के आत्मसन्तोष से ज़्यादा कुछ नहीं बचता, जो बड़ी मछली नहीं ला पाया था लेकिन लोगों ने उसके प्रयास और संघर्ष को मान्यता दी। नियति की उत्ताल तरंगों के सामने एक चिह्नित करने लायक असफलता भी सफलता बनकर सामने आती है। यह वक़्त का समन्दर, माना कि बहुत कुछ है लेकिन हौसलों की आजमाइश करता यह आदमी क्या कुछ भी नहीं? अगर मास्टरपीस के पड़ाव आए तो अक्सरहा उस कैनवस से दूर ही आते हैं जिसे हमने कस रखा है। इसी जगह के बदलने में हमारे परिवेश का मानीखेज़ किरदार शुरू होता है जिसे अब तक हमने कच्चे माल की तरह इस्तेमाल किया है। जीवन के आकस्मिक मोड़ों पर हम कैसे प्रतिक्रिया करते हैं, कई अर्थों में हमारी संवेदना की तैयारी पर निर्भर करता है। कैनवस बदलते चलते हैं, रचना जगत से लेकर ज़िन्दगी तक और हमें सतहों की बदलती सूरत के हिसाब से अपनी कूचियों को सही बर्ताव करना सिखाना होता है। इतना सब कौतुक-करतब, ब्रह्मा की तरह समानान्तर सृष्टि रचने के अहम के बावजूद मुझे रचनाकार कभी-कभी बड़ा असहाय लगता है।

यह असहायता उसकी अपनी सीमाओं से उपजी है। कैसी हैं ये सीमाएँ? किसी अभिनेता का उदाहरण लें। उसका चेहरा—उसके चेहरे का पूरा ढाँचा तय है, यहाँ तक कि उस पर पड़ने वाली लकीरें भी तय हैं, जिनसे वह हँस भी लेता है और रो भी लेता है। इनके बीच के अनेक भाव इन्हीं लकीरों से बयाँ हो जाते हैं। हाँ, लम्बे अनुभव और अभ्यास से वह चन्द लकीरें बढ़ा लेता है लेकिन भाव भी तो तेजी से बढ़ते जा रहे हैं। ज़िन्दगी के उलझावों-जटिलताओं के बढ़ते जाने के साथ दुविधाओं-अनिश्चितताओं और मौन के ना जाने कितने एसे भाव पैदा हो चुके हैं जिनका नामकरण अभी नहीं हुआ। जो अभी भी 'ग्रे जोन' में पड़े हुए हैं। इनके सामने जब कोई बड़े से बड़ा कलाकार भी पड़ता है तो लगता है, अरे, ये तो वही लकीरें हैं, वही कॉन्बिनेशन जो थोड़ी देर पहले किसी और भाव के लिए चेहरे पर उभरे थे। आवाज़ों के जाने-पहचाने से उतार-चढ़ाव, चेहरे की जानी-पहचानी लकीरें, जिनसे आवाज़ के बेस के भारी अन्तर या चेहरे पर भारी मेकअप जैसे कृत्रिम उपायों से ही फ़र्क़ आ पाता है। अपने ही द्वारा विकसित शैली का ग़ुलाम हो जाता है कलाकार।

किसी चित्रकार को ही लें। अपने को बार-बार संशोधित-परिवर्तित करता, अपने से जूझता हुआ वह अपने लिए रेखाएँ ईजाद करता है, अपने रंग और अपने

शेड्स तैयार करता है। इसके बाद जब भी वह कूँची उठाता है, वह पाता है उसके ज़ेहन के सबसे नज़दीक उसके वही प्यारे शेड्स वही लाड़ले रंग और वही अपनी रेखाएँ खड़ी हैं। उसकी अपनी ही ईजाद उसे मजबूर कर देती है। जब मैं चेहरे की लकीरों की बात कर रहा हूँ तो आशय रचना की ऊपरी बनावट से नहीं बल्कि उसकी संरचना से है। इस संरचना में उसका देखने का तरीक़ा भी शामिल है जिसके कारण आँखें वही देखती हैं जिनका अभ्यास उन्हें है और दिमाग़ वही दर्ज करता है जिसकी आदत उसे पड़ गई है।

कुछ ऐसा ही घटता है कवियों के साथ। आमतौर पर 'सिद्ध कवि' उसे माना जाता है जिसने अपनी एक नई संरचना ईजाद की हो, नए विषय, विषयों को पकड़ने का नया तरीक़ा और वैसी ही नई भाषा। जब उसे लगता है कि जो कहा जा रहा है वह पर्याप्त नहीं है तो वह कुछ नया करना चाहता है। उसकी अन्तःप्रेरणा, विरासत में मिली संरचना की सीमाओं से बाहर देखने के लिए उसे उकसाती है। उसकी पहलकदमी नए संकेत देती है। क्रमशः वह इन प्रारम्भिक संकेतों को ज़्यादा मूर्त रूप देता चला जाता है। विद्रोह की प्रारम्भिक रूमानियत को ज़्यादा संस्थागत रूप देता चलता है। एक छोटे-से रचना जीवन में पुराने से ऊब, नई उद्भावनाएँ फिर उनको मूर्त करना...। जब वह अन्तिम सोपानों की ओर बढ़ रहा होता है, उसे महसूस होता है कि परम्परा से उसके सम्बन्ध विच्छेद के रूप में विकसित हुई उसकी अपनी नव्यता, पहले एक परम्परा और फिर एक रूढ़ि में तब्दील हो रही है। उसकी नई संरचना के चेहरे पर झुर्रियाँ बढ़ रही हैं। उसकी फ्लैक्सिबिलिटी कम हो गई है। उसमें प्रयोग की गुंजाइश ख़त्म हो गई है। उसकी नई संवेदनाओं के जिस लश्कर ने उसे गति प्रदान की थी, वही एक निश्चित स्वरूप ग्रहण करने की प्रक्रिया में स्वयं एक दीवार बनता गया है। यह अनुशासन ज़्यादा है स्वतंत्रता कम। यह अनुशासन किसी बाहरी सत्ता का न होकर स्वयं उसके अपने फ्रेम का है। वह फ्रेम जो कभी उसकी अभिनवता का साधन था। जिस फ्रेम के निर्माण की प्रक्रिया में उसने अपनी आँखों की आदत बदली थी, दिमाग़ का तौर बदला था और यथार्थ-संवेदन के नए संस्करणों के लिए अपने को लैस करना शुरू किया था। वह 'सिद्ध कवि' जिसने अपनी शैली की रोज़ी खुद कमाई है, जो विरासत की जगह ख़ुदमुख़्तारी पर चल रहा है, जिसने अपने 'अनिर्मित पंथ' ख़ुद बनाए थे...जिसके विद्रोह के चर्चे हैं...वह अपनी सिद्धि का अभिशाप भोग रहा होता है। उसे फिर कुछ नया चाहिए। उसने पहले विरासत का घर छोड़ा था, अब वह अपने हाथों रुच-रुच कर बनाया घर छोड़ना चाहता है। खूँटी पर टाँग देना चाहता है पुराना चेहरा...वह अपना शरीर छोड़ना चाहता है...।

जब मैं बच्चा था, भइया दूज की पूजा में जाया करता था, अपनी दीदियों के पास। मैं देखता था मेरी बहनें अपनी कलाइयों पर ऐपन के कंगन बनाया करती थीं।

सबसे बड़ी दीदी ने मुझे बताया कि दूज पर बहनें भाइयों की लम्बी उम्र के लिए उपवास करती हैं और भाई उन्हें कुछ उपहार देते हैं। तुम बच्चे हो, तुम सोने के कंगन नहीं दे सकते न! इसलिए हम ऐपन के कंगन बना रहे हैं। मैं बड़ा हो गया—सोने के कंगनों का दिन कभी नहीं आया। आ भी जाता तो मैं उन्हें कंगन भेंट भी करता या नहीं, कह नहीं सकता। ख़ैर...भाइयों की शादी में गाए जाने वाले गीत भी याद आते हैं। 'आज होरिलवा की रैना, मैं सोना लुटवा दूँ, मैं मोती लुटवा दूँ रे।' ये उस दौर के ठीक बाद गाया गया था जब हमारे घर में सब्ज़ी रोज़ नहीं बन पाती थी। यह झूठ किससे बोला जा रहा था? शादी में आए अज़ीज़ भी जान रहे थे कि शादी में क़र्ज़ लिया गया था। क्या हमारा गीत-संगीत उत्सव, हमारी संस्कृति हमें भरमाने के लिए है। जादू की छड़ी वाली परियाँ, आसमान से टपकते खिलौने और बचपन की इन मासूम इच्छाओं से बड़प्पन के सोना-चाँदी तक...सबके अपने-अपने सांता क्लॉज। क्या यह विभ्रम है! जैसा कि बॉलीवुड के व्यावसायिक सिनेमा के बारे में टिप्पणी की जाती है—रंगीन झूठ। मुझे लगता है हमारे सांस्कृतिक क्रियाकलाप का एक बड़ा हिस्सा इस भ्रम से निर्मित होता है। प्रकृति, प्रेमाख्यान, वैभव, ढेर सा सुख और हाँ दुख भी लेकिन बहुत उदात्त...ज़िन्दगी से बड़ा। सब कुछ एक सपनीले कुहरे से आच्छादित।

हमारे संस्कृति-मानस का दूसरा हिस्सा निर्मिति का है।

क्या आपको अपनी शुरुआती कविताएँ याद हैं? कोई पहला प्यार...कोई सुहानी सुबह सब कुछ बेहद भावुक...ख़ालिस सुख-ख़ालिस दुख! सड़क के मोड़ या मेले में एक बार देखी गई छवि पर कई दिन आहें भरना। प्रेम की कोई रूहानी मूरत गढ़ना। इसी कुहरीली मूरत में कभी कोई भिखारी-ग़रीब...'असहाय' प्रवेश करते हैं। हमारे रजिस्ट्री बुक में एक करुणा भी प्रवेश करती है। इस करुणा का ताल्लुक किसी ठोस यथार्थ से होता है। लेकिन वास्तविक रूप से उस यथार्थ की आन्तरिक जटिलताओं से अपरिचित हमारी करुणा का स्वरूप भी वैसा ही बना रहता है जैसी हमारी वायवीय भावुकता थी। इसी क्रम में हमारे समय के कुछ प्रचलित आख्यान हमारे संस्कृति-मानस का हिस्सा बनते हैं जैसे राष्ट्रवाद, समकालीन जीवन की तथाकथित पतनशीलता। हमारी कविताएँ इन सीमाओं को भी छूती हैं। इसी दौरान एक ख़ास किस्म का नॉस्टेलॉजिया हमें घेरता है जिसमें आदर्श की तलाश भी हम पुराने में करते हैं। गाँव हमारी व्यावहारिक वास्तविक चेतना से दूर होता है लेकिन वही हमें सबसे ज्यादा लुभाता है। यह पूरा काल भी भ्रम के तरह-तरह के रूपों से घिरा होता है। फैंटेसी हमारी सहज चेतना का अंग होती है। क्या ऐसा कोई काल विभाजन होता है...शायद नहीं। ऐसा कोई वास्तविक काल विभाजन सम्भव नहीं होता। लेकिन मैं रचना प्रक्रिया की गतिकी समझने के लिए यह रास्ता अख़्तियार कर रहा हूँ।

फिर पूछता हूँ...क्या हमें अपनी शुरू की लिखी हुई डायरियाँ या कविताएँ याद हैं? किसी दोस्त की ज़रा-सी निष्ठुरता हमें एक गहरी उदासी दे जाती है। घरवालों की तनिक उपेक्षा कई दिनों तक के लिए हमारी ज़िन्दगी को निस्सार बनाए रखती है। हमारे अभाव नहीं बल्कि हमारे सपने हमारी भावनाओं का ताना-बाना बुनते थे। इन धागों में सपने थे, दुख थे, चाहना थी, उदासी थी। हमारे अपने अभाव अगर हमें छूते भी थे तो 'ट्रेजेडी किंग' की शैली में। हम 60 के दशक की हिन्दी फिल्मों के हीरो की तरह सेनेटोरियम के कॉरिडोर में लहराते पर्दों को छूते हुए अपने तसव्वुर में गाने गाते थे। हमारे बहुत ही निजी अनुभव या किताबी क़िस्म के वायवीय आदर्शवाद हमारी रचनात्मकता को गढ़ रहे होते थे। यह पूरा वर्णक्रम विभिन्न आयोजनों के साथ हमारा सन्दर्भ फ्रेम तैयार करता है। ये फ्रेम हमारे अनुभव की समग्रता के साथ बदलते रहते हैं। शुरुआती दौर में हमारा चिन्तन जब लचीले तारों से निर्मित होता है—हमारे सन्दर्भ फ्रेम तेज़ी से बनते-बिगड़ते हैं। हम आसानी से इस भाव समूह से उस भाव समूह तक की यात्रा करते हैं। हमारी प्रारम्भिक डायरियों में आया जीवन और मृत्यु का हमारा निजी भावुक दर्शन हमारी सोच पर छाया रहता है। इस दर्शन से पहले प्यार तक और वहाँ से एक गलदश्रु अजनबी करुणा तक हम आसानी से आते-जाते रहते हैं। हमारा मानस बनता होता है, विचार ज्यादातर संवेदना की शक्ल में आते हैं इसलिए ये फ्रेम भी धुँधले अनिश्चित और एक-दूसरे से मिल जाने वाले होते हैं। इनके बीच की विभाजक रेखाएँ, हमारी निजी ग्रहणशीलता और हम तक आते संवेदन प्रवाह की परस्पर प्रतिक्रिया से बनती-बिगड़ती रहती हैं। लेकिन जैसे-जैसे हम वयस्क होते जाते हैं हमारे फ्रेम मुश्किल से बनते हैं, उनकी विभाजक रेखाएँ कठोर होती हैं और वे इतनी ही मुश्किल से टूटते भी हैं। हमारी दृष्टि के फ़ोकस पर एक साथ कई चीज़ें इकट्ठी होने लगती हैं। हम ज़्यादा चीज़ों को देखने लगते हैं। हमारा संवेदन विचारों के अस्फुट-अस्पष्ट आकारों में तब्दील होने लगता है। इन ठोस होते आकारों को संयोजित करना दिनोदिन समस्या बनता जाता है। यह ठोसपन इसलिए बढ़ता जाता है क्योंकि यह कई अर्थों में एकतरफ़ा प्रवाह नहीं रह जाता है, हमारे विचार- प्रयास, परिवेश के साथ नियमित संघात में उतर आते हैं।

मेरे स्कूल के एडमिशन फ़ॉर्म में एक कॉलम था—आप अपने बच्चे को क्या बनाना चाहते हैं? मेरे पिता ने उस कॉलम में भरा था—'नेक इनसान '। वह फ़ॉर्म मेरे स्कूल में दिखाया गया सबको क्योंकि वैसा फ़ॉर्म पहले किसी ने नहीं देखा था। मैं बहुत छोटा था जब मेरे पिताजी नहीं रहे। बाद में माँ, भाइयों और आसपास से सुनकर, सुनाकर और पिता की रचनाएँ पढ़कर उनका व्यक्तित्व गढ़ा। कुछ-कुछ एक मिथक जैसा, इतिहास की लाइनों से घिरा हुआ। मेरे अपने मानसिक फ्रेम के निर्माण का यह महत्वपूर्ण हिस्सा है। पहले मैंने सांस्कृतिक क्रियाकलाप के एक हिस्से, विभ्रम का ज़िक्र किया था—उसका दूसरा हिस्सा निर्मित का है जिसमें हम

आदर्श के निर्माण और फिर उसके वास्तविकता में अवस्थित होने की प्रक्रिया में यथार्थ को देखने की पहल करते हैं। यह पहल भाषा संकेत से शुरू होकर हमारे भाषा व्यवहार तक जाती है। जैसे-जैसे हम यथार्थ की विभिन्न तहों में उतरते जाते हैं—पहले पूर्वाग्रह और फिर विचारधारा का निर्माण शुरू होता है, जो हमें ज़्यादा स्पष्ट और सटीक बनाने में मदद देती है। यह विचार समूह एक जैसे विचारों का गुट और फिर किसी विचार के गुट का प्रभावी होते जाना और अन्ततः विचारधारा की शक्ल ले लेना। इसे मैं व्यक्तिगत जीवन के तीन चरणों में या तीन काल प्रतीकों के माध्यम से समझ सकता हूँ। इसमें भी भ्रम के हिस्से को मैं नहीं जोड़ रहा। निर्माण में पहला चरण वास्तविकताओं का है, जिन्हें मैंने देखा और वे क़िस्से जो मैंने सुने। आज से तक़रीबन 25 साल पहले के छोटे से शहर के एक रूढ़िवादी मोहल्ले में हमारे घर में एक दलित युवती का बर्तन माँजना और परिणाम हमारे घर का सामाजिक बहिष्कार। आसपास के लोगों ने पानी पीना भी छोड़ दिया हमारे घर। यह क़िस्सा मैंने सुना है। लेकिन देखा हुआ है, एक बेहद ग़रीब मुसलमान औरत का अपने घर बर्तन माँजना और आसपास के नाते, रिश्तेदारी में आलोचना। मेरी माँ तब भी रूढ़िवादी थी अब भी है। लेकिन हमेशा वह इस तरह के मामलों में अपने रूढ़िवादी परिवेश से दूरी कायम कर सकी। मेरे पिता—जिन्हें मैंने तक़रीबन मिथकीय चरित्र के रूप में जाना है—मेरे लिए आदर्श का निर्माण करते रहे। ट्रेड यूनियन मूवमेंट से लेकर इमर्जेंसी के विरोध में उनकी सक्रियता, उनके 'नेक इनसान' होने के तमाम क़िस्से, उनका मज़दूर की तरह लिखना और अगली पीढ़ी में कविता की रोपाई...नौ साल के बच्चे को एक बैठक में पूरी पांडुलिपि सुनाना और बच्चे का सुनना...मैं कविता से पाला गया हूँ। मेरी ताई जी का गाँव-गाँव घूमकर स्कूल खोलने का सपना। यह मेरे निजी आदर्शों का निर्माण है जिन्होंने एक अतीत की तरह लगातार मेरे लिए फ्रेम बनाए। इनमें उन पुस्तकों का भी हाथ है जो मैंने बचपन में पढ़ीं। इस काल प्रतीक के प्रभाव में मेरे लिए मानवता, राष्ट्र, बन्धुत्व जैसे आख्यान निर्मित होते हैं।

दूसरा काल प्रतीक शुरू होता है मेरे भाइयों के साथ। वे भी कविता में पगे। मेरे बड़े होने में वह मेरे साथ रहे बल्कि मुझे बड़ा करने में भी मेरे साथ रहे। यथार्थ से परिचय उनके काव्य विवेक के माध्यम से मुझ तक पहुँचा। तीसरा दौर शुरू होता है मेरे प्यार से...मेरे एक शिक्षक से...मेरे कुछ दोस्तों से...जो मेरे शिक्षक भी रहे। सामाजिक सक्रियताएँ—मार्क्सवाद, प्रेम का उत्तप्त रूमान और रिश्तों की बारीक़ बुनावटें, सपने और सच के बीच लगातार रस्साकशी, इस दौर में सामान्य मानवतावादी प्रतिमानों से बढ़कर मेरी ज़रूरतें बनती गईं। मेरे दिमाग़ का रास्ता उन झोंपड़पट्टियों के लिए खुला जो कदम-कदम पर थीं पर दिखती नहीं थीं। वे जुलूस मेरी आँखों में समाने लगे जो मेरे बगल से गुज़र रहे थे। वे लफ़्ज़ मेरी भाषा का हिस्सा बन गए जो मेरे लिए अजनबी थे। सब कुछ इतना बँटा-बँटा नहीं

रहा। मेरे पिता यथार्थ की समझ तक चले आए, भाई दोस्त बनकर आज तक चले और दोस्तों के साथ समझा मैंने अतीत को। मैंने समझा कि मेरे पिता वाला 'नेक इनसान' काफ़ी नहीं, मुझे कुछ और जोड़ना होगा। मेरी दोस्तों ने बताया कि 'औरतों के दुख अजब होते हैं।' बाबरी मस्जिद के गिराए जाने के वक़्त उन्माद के दौरान चेहरों का भय मैंने अपनी आँखों से देखा था। इन तमाम संयोजनों से मेरा संस्कृति मानस बनता गया है जो रचना में भाषा के साथ मिलकर जटिल संरचनात्मक फ्रेम का निर्माण करता है। विचारधारा के क्षेत्र में फ्रेम के संक्रमण का मेरे लिए एक महत्वपूर्ण उदाहरण है—दलित समस्या। पहले हमारे लिए यह मात्र सहज मानवीय करुणा का विषय बन कर उभरी। मार्क्सवाद मेरे लिए मनुष्य की पूर्ण मुक्ति का एकमात्र दर्शन है मगर इसके बावजूद हम दलित मुक्ति की समस्या के विशेषीकृत स्वरूप को समझने में असफल रहे हैं। इस सवाल की नई माँग के हिसाब से हम अधुनातन नहीं बन पाए। इधर के सालों में विभिन्न वर्षों के दौरान इस समस्या का स्वरूप स्पष्ट हो रहा है। इसी तरह पुरुष होने के नाते नारी मुक्ति के सवाल की विशिष्टता को सिद्धांततः स्वीकारने में मुझे दिक़्क़त हुई...व्यवहारतः यह अभी भी बनी हुई है। क्या हमारा फ्रेम नए उठते सवालों को, उद्‌भावनाओं को शामिल करने में प्रतिरोध पैदा करता है? हमारा फ्रेम ख़ुद भी जड़ हो जाता है। क्या रचना या कर्म के लिए किसी निश्चयात्मक जड़ फ्रेम की ज़रूरत होती है? क्या फ्रेम गतिक नहीं हो सकते और अनिश्चय का थरथराता बिन्दु कुछ नहीं कहता?

मैंने पिछले वर्षों में बहुत कम कविताएँ लिखीं। इसलिए नए उठते सवालों की तड़प को रचनाओं में कह नहीं पाया। रचनात्मक रूप से अपने बन गए फ्रेम को तोड़ नहीं पा रहा। यह फ्रेम संरचना के स्तर पर है जिसमें विषयवस्तु से लेकर उसके बाहरी स्वरूप की एकरसता जुड़ी हुई है। एक के बाद एक अनुशासनबद्ध सिपाहियों की तरह खड़ी पंक्तियाँ...साँचे से बनते चले आते विचार...। जैसे 'नेक इनसान' का फ्रेम बदल जाता है, कुछ और जोड़ने की ज़रूरत महसूस होने लगती है, वैसे कविता में भी कुछ नया जोड़ने की ज़रूरत महसूस होती है।

मैं ब्राह्मण घर में पैदा हुआ पर उसमें रहना नहीं चाहता, मैं पुरुष हूँ पर मर्द नहीं होना चाहता, मैं जिस भाषा में पैदा हुआ उसी में जीना नहीं चाहता, मैं जिस दुनिया में पैदा हुआ उसमें मरना नहीं चाहता। बदलाव, वह बेचेहरा ही सही इस पथरीले चेहरे से बेहतर है। मेरे भीतर बैठा बूढ़ा बेरमन कहता है—'मैं किसी न किसी दिन मास्टर पीस ज़रूर बनाऊँगा।'

(दिसम्बर 2001 के अन्तिम किसी ठहरे हुए पल तक)

अंशु मालवीय

निजी जीवन का राजनैतिक रेखाचित्र

इकहत्तर की लड़ाई के वक़्त
        पैदा हुआ मैं

स्कूल गया
        इमरजेंसी में

मस्जिद गिरने के साथ
        गया विश्वविद्यालय

नई आर्थिक नीति के साथ
        बाहर आ गया वहाँ से

फ़िलहाल बेरोज़गार हूँ
और किसी बड़ी राजनीतिक घटना में
        रोज़गार तलाश रहा हूँ।

अकेले और अछूत

...हम तुमसे क्या उम्मीद करते
बाम्हन देव!
तुमने तो ख़ुद अपने शरीर के
बाएँ हिस्से को अछूत बना डाला,
बनाया पैरों को अछूत
रँभाते रहे माँ...माँ...और माँ
और मातृत्व रस के
रक्ताभ धब्बों को बना दिया अछूत
हमारे चलने को कहा रेंगना
भाषा को अछूत बना दिया
छन्द को, दिशा को
वृक्षों को, पंछियों को
समय को, नदियों को
एक-एक कर सारी सदियों को
बना दिया अछूत
सब कुछ बाँटा
किया विघटन में विकास
और अब देखो बाम्हन देव
इतना सब कुछ करते हुए
आज अकेले बचे तुम
अकेले...और अछूत।

सांस्कृतिको!

मेरे सिर से पल्लू सरकते ही
        हिल उठीं धर्म ध्वजाएँ
सीने से आँचल हटते ही
        काँप गई संस्कृतियाँ
राष्ट्र मेरे किस अंग पर दाँव धरेगा
        सांस्कृतिको!

चीख़

एक दिन
यकायक तुलसी ने पाया
रामचरित मानस का कॉपीराइट
उनके पास नहीं है

रातोरात
सैंकड़ों संशोधित परिवर्धित संस्करण
निकल चुके हैं
दोहे और चौपाइयाँ
नारों में बदल गए हैं

तुलसी चीख़े
एक मर्मान्तक चीख़
जैसे पेड़ चीख़ते हैं
लकड़ियों से सलीब बनता देखकर।

अभिव्यक्ति

एक फावड़ा रखा है
उकड़ूँ बैठा है
मज़दूर जैसे

सोचता हूँ
कभी अपने को
अपनी क़लम से
इस तरह
अभिव्यक्त कर पाऊँगा?

वेश्या

न माँ
न बहन
न पत्नी
सब कुछ क़रीब-क़रीब
टूट गए आलाप की तरह

आसमान तक बढ़ा कर
हाथ के पास से
तोड़ दी गई पतंग की तरह

वेश्या
ऐसी संज्ञा है
जो सम्बन्धवाची नहीं हो पाती
जिसमें विशेषण नहीं लगते।

महक

तेली के रुपए हैं
उनसे आती है कड़ुवे तेल की गन्ध

धैकार के रुपए हैं
उनसे आती है
ताज़ा हरे बाँस
और पुती हुई डलिया की गन्ध

सड़क मज़दूर के रुपए हैं
उनसे आती है
बजरी और तारकोल की गन्ध

माफ़ करें बाबूजी!
आपका अक्स नहीं है रुपयों पर
आप लोगों के पास
अपने को कहती
अपनी कोई महक नहीं होती।

दलित

तुम्हारी सामाजिक कविता में
हम काव्य दोष थे

हम वो शब्द समूह थे
विजातीय विचार थे
अस्पृश्य छन्द थे
वर्जित परिस्थितियाँ थे
जो कविता में दोष गिने जाते थे

हमारे वर्जित फलों ने
सिरज लिया इस दुनिया को
तुम्हारा ईश्वर तुम्हें मुबारक।

राजपाट

न विद्या
न राजनीति
न युद्ध कौशल
मेरे पिता ने मुझमें कुछ नहीं देखा
जब मैं पहली बार
भूखा होने पर भी नहीं रोया
मेरे पिता ने गर्व से मुझे देखा
जैसे मैं राजपाट सँभालने लायक हो गया हूँ।

चरित्र

मैं 'आज़ाद' औरत हूँ
और भूख लगने पर
कर सकती हूँ जिस्म का भी सौदा...
मगर तुम...! ओ संस्कृति नारी...!!!
तुम दो जून की रोटी
और साल की दो धोतियों के बदले किसलिए
साल-दर-साल
करती रहीं धन्धा
चरित्र का धन्धा।

आश्वस्ति

मुँह से क्या कहूँ,
मेरा तो पूरा वजूद
तेरे लिए शुभकामना है मेरे दोस्त!

तुझे क्या बताऊँ
कि बिना दोस्त के नास्तिक नहीं हुआ जा सकता
समाज में असुरक्षा है बहुत,
आदमी के डर ने बनाया है ईश्वर
और उसके साहस ने बनाई है दोस्ती

तुझसे क्या क़रार लूँ,
तेरा वजूद ही
मेरे लिए आश्वस्ति है।

ज़रूरी सवाल

क्यों साहब!
जितने दिनों में
एक बीज पौधा बनता है
और पौधा पेड़,
उतने दिनों में
तैयार हो जाती होंगी
कितनी कुल्हाड़ियाँ?

पलायन

नदी का पानी
ख़त्म हो गया तो?

पक्षी सोचने लगा,
नदी की ओर से आती
ठंडी हवाओं में
पंख कैसे फैलाऊँगा?

मछली सोचने लगी,
मेरा चाँदी का शरीर
झुलस नहीं जाएगा
धूप में?

बच्चा सोचने लगा,
नदी की लहरों को
कैसे उतारूँगा
चित्र में?

तीनों ने
सुख, सौन्दर्य और संस्कृति की बातें कीं
प्यास का ज़िक्र
किसी ने नहीं किया।

कालीन कारख़ाने में बच्चे

कालीन कारख़ाने में बच्चे,
खाँसते हैं
फेफड़े को चीरते हुए

उनके नन्हे गुलाबी फेफड़े
गैस के गुब्बारों से थे,
उन्हें खुले आकाश में
उड़ा देने को बेचैन—
मौत की चिड़िया
कारख़ानों में उड़ते रेशों से
उनके उन्हीं फेफड़ों में घोंसला बना रही है।

ज़रा सोचो
जो तुम्हारे खलनायकीय तलुओं के नीचे
अपना पूरा बचपन बिछा सकते हैं,
वक़्त आने पर
तुम्हारे पैरों तले की ज़मीन
उड़स भी सकते हैं।

गोद भर रही है

मैंने सुना है,
तुम भी सुनो
मिट्टी से कान लगाकर
धरती गर्भवती है।
भूखे बच्चों को सुनाओ
वे थालियाँ बजाएँगे
कहो आसमान से
झूम के बरसेगा।

बड़ी-बूढ़ियाँ समझाएँगी
धरती को,
इन दिनों बोझ मत उठाना
सँभल के चलना
डाक्टरनी बताएँगी
पौष्टिक चीज़ें खाना,
घर के सब लोग चिन्तित हो जाएँगे
धरती के लिए,
आहट लेकर सोएँगे
मचान पर किसानों की तरह।
सगुन करो!
जिन्होंने अफ़वाहें उड़ाई थीं
धरती के बाँझपन की,
उन्हें मुँह चिढ़ाकर गाओ
धरती की गोद भर रही है।

इतिहास!

चीज़ें कितनी तेज़ी से जा रही हैं अतीत में!
अतीत से कथाओं में, कथाओं से मिथक में
और समय अनुपस्थित हो गया है
इन मिथकों के बीच से

समकालीन कहाँ रह गया है कुछ भी...
सूरत और बाथे की लाशें पहुँच गई हैं मुसोलिनी के कदमों के नीचे
और मुसोलिनी पहुँच गया है मनु के आश्रम में—
और यह सब पहुँच गया है पाठ्यक्रमों में।

हमारी स्मृतियाँ मुक्त हैं सदमों से,
सदमे मुक्त हैं संवेदना से, संवेदना दूर है विवेक से,
विवेक दूर है कर्म से...
चीज़ें कितनी तेज़ी से जा रही हैं अतीत में,
और हम सब कुछ समय के एक ही फ्रेम में बैठाकर
        निश्चिन्त हो रहे
भिवंडी की अधजली आत्माएँ,
सिन्धु घाटी की निस्तब्धता
        निस्संगता और वैराग्य के
        पर्दे में दफ़न हैं।
इतिहास!
अब तुम्हें ही बनाना होगा समकालीन को 'समकालीन'।

सोमवार की सुबह

सुनो मेरी!
शनिवार की शाम
मैंने उतार कर रख दी है
अपनी थकान
तेरी गोद में,
तू उढ़ा दे मुझको
अपने घनेरे बालों का
गुनगुना अँधेरा

और फिर
रख दे मेरे माथे पर
रविवार की सुबह जैसे अपने होंठ
एक जुम्बिश भरे आराम के बाद
मैं तुझसे पुछूँगा
सुनो मेरी!
सोमवार की सुबह
कामों में हाथ बँटाओगी?

क्लोज़िंग

क्यों भाई!
कुछ पढ़ा पिछले दिनों?
कहाँ
कहाँ पढ़ पाया!
मार्च था न,
क्लोज़िंग चल रही थी।

क्यों भाई!
कुछ लिखा पिछले दिनों?
नहीं
मार्च था
क्लोज़िंग चल रही थी।

क्यों भाई!
कुछ सोचा पिछले दिनों?
कहाँ सोच पाया
क्लोज़िंग चल रही थी
मार्च था न।

इस बीच जीना नहीं है...
क्लोज़िंग चल रही है।

अगले साल से
कैलेंडर में मार्च को काले से पोत दूँगा,
विचारों पर क्लोज़िंग चल रही है।
इस महीने

सूरज नहीं निकला करेगा
विचार नहीं होंगे

इस महीने
फूल नहीं खिलेंगे
कविताएँ नहीं लिखी जाएँगी।

करेला

आपके खेत में पैदा करेले में क्या नया है?
यह ज़रा हट के है।
क्या यह हरा नहीं है?
हरा तो होगा ही।
क्या उसकी त्वचा चिकनी है?
नहीं खुरदरी तो होगी ही,
करेला जो ठहरा।

क्या वह कड़ुवा नहीं है?
नहीं जी, कड़ुवा नहीं होने से कैसे चलेगा।
क्या यह वृक्षों पर होता है?
क्या बात करते हैं आप,
भई, करेला तो लतर पर ही होगा।

क्या यह कद्दू के बराबर होता है?
अजीब अहमक हैं आप, उतना बड़ा कैसे होगा।
आपको वनस्पति शास्त्र की ज़रा भी तमीज़ नहीं।
आख़िर...इसमें हट के क्या है...?
यह आपकी समझ से बाहर है,
यह आस्था का सवाल है,
पुहुप बास तैं पातरा
ऐसो तत्त अनूप...।

वास्तविक जीवन की भाषा

हम गाँव में
अवधी बोलते थे
पढ़ते हिन्दी में थे,
शहर से आए तो
हिन्दी बोलने लगे
और पढ़ने लगे अंग्रेजी में।
रिश्ते-नाते
दरद-दोस्त हिन्दी में
काग़ज़-पत्तर बाबू-दफ़्तर
सब अंग्रेजी में
बड़ा फ़र्क़ हो गया है हमारे वास्तविक जीवन की
और बौद्धिक जीवन की भाषा में।

वे प्रचार करते थे हिन्दी में
हम वोट देते थे रोज़मर्रा की ज़िंदगी की चिन्हानी पर,
वे करोड़ों के ख़र्च पर चलने वाली संसद में
चन्द लोगों की भाषा बोलते थे,
बड़ा फ़र्क़ है गण और तंत्र की भाषा में।

हम काम करते हैं,
एक हाथ को पड़ती है दूसरे की ज़रूरत,
हर हाथ बोलता है करोड़ों हाथों की भाषा में,
जिस भाषा में बनती है उत्पादन की सामूहिक कविता
जो कुछ लोगों के फ्रेम में जड़ दी जाती है।
स्वतंत्रता और विविधता के पक्षधर
हज़ारों-लाखों भाषा-बोलियों को मारकर रचते हैं

अन्तर्राष्ट्रीय भाषा।
बड़ा फ़र्क़ है पैदा करने और खाने की भाषा में,
'हैया हो' बाहर बैठा दिया जाता है दरवाज़े के
और अघाई हुई डकारें
हमारी वास्तविक राष्ट्रभाषा बन जाती हैं।

अन्तर्देशीय

ढेर से हुड़क भरे शब्दों से लदा-फँदा
मैं फसक कर जा बैठा
अन्तर्देशीय पत्र पर...
        लेकिन अन्तर्देशीय छोटा हो गया,
        छोटा हो गया एक धड़कता सफ़र,
        प्रेम की गली और सँकरी हो गई,
        इसके पीछे कारण कुछ भी हो
        काग़ज़ की कमी तो बिल्कुल नहीं थी।
दरअसल वे बीमार इकाइयों को बन्द कर रहे हैं
जिनमें हमारा घर भी है, हमारी संवेदना भी

कुछ दिनों बाद मुझसे कहा जाएगा
भई! अपना घर कहीं और खिसकाओ
इसके ऊपर के आसमान को,
हमने विदेशी मुद्रा के बदले रेहन रख दिया,
आपसे कहेंगे
और तुम भी...
अपने सपने थोड़े बगल हटाओ
तुम्हारे ऊपर जो आसमान है,
उसका तुम्हारे पास केवल उनचास प्रतिशत शेयर है।

आसमानी रंग के अन्तर्देशीय से ही शुरू हो जाती है
एक लड़ाई
आसमान को सिकोड़ने के ख़िलाफ़!

जवाब आराम

जनता को
पेट पर पत्थर बाँधने होंगे
राष्ट्रीय स्वाभिमान की ख़ातिर...
जो दो जून खाते हैं
एक जून खाएँगे
एक जून खाते हैं जो
भूखे रह जाएँगे

विपत्ति का वक़्त है
जनता को बेल्ट कसनी होगी
राष्ट्रीय स्वाभिमान की ख़ातिर...
क्षमा करें महोदय!
क्या आप कुछ नहीं करेंगे
राष्ट्रीय स्वाभिमान की ख़ातिर...

बकता है!
अरे, हम ही तो हैं 'राष्ट्रीय स्वाभिमान'
सवाल दक्ष
जवाब आराम।

पुण्य

उन्होंने बीज नहीं बोया
पानी नहीं दिया कभी,
पौधे को कुम्हलाते देख
सूरज की ओर ताक
खिसियाकर कभी नहीं चिल्लाए,
आँधी-पानी की रातों को
पौधा जब काँपने लगा,
कभी नहीं निहारा बादलों को
उन्होंने कातर होकर।

पौधा वृक्ष बना,
उसके इर्द-गिर्द
उन्होंने बना दिया चबूतरा,
एक पत्थर रखकर
पूज दिया उस पर

अब...
वृक्ष उनका है
छाँह भी और
सारे पुण्य भी...।

अभिनव

जब सब कुछ रँगना है
तो फूलों को भी रँग देंगे
सबसे पहले
बेला के इस सफ़ेद फूल को नीला करेंगे
फिर इस नीलकमल को देंगे
सफ़ेद रंग

जी ऊब गया है
जीवन की इस ऋजुरेखीयता से
कुछ तो अनुभव हो
अभिनव
बस यह एकरस
यह एक ठस ज़िन्दगी
देखो तो
सुबह का रंग
रोज़ एक जैसा ही है
नारंगी
फिर पीला
फिर सुनहरा

पहले इस सूरज को धानी कर दो
आसमान रँग दो
हल्के गुलाबी रंग से
चिड़ियों को भी रंग दो गुलाबी
कि ढूँढ़े ना मिलें गुलाबी आसमान में
हमें अन्वेषित करना पड़े

चिड़ियों को फिर-फिर

अपनी आस्था की चिरन्तनता
मिट्टी की ऊपरी
उपजाऊ सतह में छुपा देंगे
पेड़ों को रँग देंगे वासन्ती
हाँ हवा को दें कौन सा रंग
ये सोचना पड़ेगा

आँखों में नाचते
रंगीन तारों को छिटका दें धरती पर
कुछ हो
जो कि चल रहा है रुक जाए
बदल जाए
धानी सूरज
गुलाबी आसमान
वासन्ती पेड़ों को देखकर
दुनिया पुनर्नवा हो जाए!

स्वारथ

हम पेड़ हैं
सदाबहार,
बच्चे की नरम साँस
काग़ज़ को छूती है,
तब लगता है
स्वारथ हुआ
हमारी छाल से काग़ज़ बनना।
पेंसिल पकड़े
बच्चों के नन्हे हाथ
छूते हैं काग़ज़ को,
हमें महसूस होती है
गौरैया के पंखों की हल्की सुरसुराहट।
नन्ही आँखों की
चमकदार मुलायम रोशनी पड़े काग़ज़ पर
तो हज़ार बार मंज़ूर है
बदन छिलवाना...
लेकिन हम इनकार करते हैं
लोगों की मौत की ख़बर के लिए
अपने प्रयोग से।

हमसे जन्म का प्रमाण-पत्र छापो
हमसे सर्जना का सवेरा छापो
मौत का पंचांग?
नहीं!
उसके लिए छाल नहीं दे सकेंगे हम।

धूप

धूप
माँ है हमारी
आज ज़रा तेज़ क्या हो गई
तुम रिश्ता ही तोड़ दोगे!
हम गर्म देशों के लोग
त्वचा हमारी सौर बैटरी है
धूप की संचित ऊर्जा से ही चलते हैं हम

धूप
तेज़ नहीं होगी तो
कैसे सिर उठाएगा
अमलताश का सांगीतिक पीलापन
गुलमोहर का
क्रान्तिचेता लाल रंग
कैसे पकेंगे आम
मुलामियत के आग्रह पर
कितनी कोयलों के स्वर की मादकता
क़ुर्बान कर दोगे

धूप
माँ है हमारी
धूप आग है
अभी मोमबत्ती की वर्तिका पर है
ज़रूरत पड़े तो
भभककर
ढीठ चावल को भात बना देगी।

क्रान्तिकारी

बेहया की झाड़ियाँ
झाड़ियों में फूल
उग आते हैं
हर कहीं
घूरे पर
दलदल पर
अपनी नैतिक ज़िम्मेदारी
स्वीकारते हुए
तुम उसे बे-हया कहो
मैं उसे क्रान्तिकारी मानता हूँ।

वर्ग

दो नाम हैं हमारे
        दो हैं पहचान।
एक नाम है,
शरीर से अलग होने के बाद
अलस कौतुक ममता से भरी
बच्चे पर पड़ती माँ की पहली नज़र के
        समानान्तर चलता,
अर्थहीन ध्वनियों से बना
आदिम समुदायों जैसा अबोध
वर्गेतर नाम,
वह नाम हमारे बचपन का
हमारा घर का नाम है।

एक और नाम है हमारा
जो रखा चाहे जिसने हो
        अर्थ हमने दिए हैं।
आदिम समाज से सभ्यता का घर्षण;
सचेत प्रयास मौजूद है इसमें,
यह हमारा बाहर का नाम है,
बाहर, जिससे तय होता है
        सब कुछ घर का, भीतर का
जहाँ हमें लोग पुकारते हैं इस नाम से
वह हमारा क्षेत्र है,
उसमें नहीं है कुछ भी आनुवांशिक...।

ड्यूटी बदल भी सकती है

सोती हुई नदी को पार कर
मैं फिर निकल आया हूँ
अपने शहर से बाहर,
मुँह अँधेरे काम पर जाते पिता की तरह
सोता छोड़कर बच्चों को।
हमने प्रयाण के लिए
क्यों चुना है हमेशा ऐसा वक़्त
जब लगभग वर्तमान के साथ खड़े भविष्य को
अभी थककर,
थोड़ी-सी झपकी आई हो

जब सवाल करने वाला कोई न हो,
जब राहुल सो रहा हो,
जब सब कुछ बाद में साबित करने के आत्मतोष के साए में
हम प्रारम्भिक तर्कों से
चुपके से बच निकलें।
क्यों हमारा पैर अपनी ही आहट पी जाता है!
और चौंककर कोई चौकीदार प्रश्न
पुकार नहीं लगाता
कौ ऽ ऽ ऽ न...है?

मैं फिर निकल आया हूँ
शहर से बाहर,
नदी को सोता छोड़कर।

पर हमेशा ऐसा नहीं हो सकता
ड्यूटी बदल भी सकती है,
हमें दिन में शहर छोड़ना पड़ सकता है
हमें जागती हुई नदी भी पार करनी पड़ सकती है।

एक घटना की ज़रूरत है

तेरी बातें
अभिव्यक्ति के नक्शे पर,
कितने अंश अक्षांश
और कितने अंश देशान्तर पर थीं
मैं ठीक-ठीक नहीं पकड़ पाया दोस्त!
न ही आपसी समझदारी के नक्शे पर
तू ही पकड़ पाया
कि मेरी बातें कहाँ स्थित थीं।
क्या नहीं समझते थे हम!
कि नक्शों पर
एक-एक अंश के अन्तर पर
बदल जाती हैं सरहदें,
बीच में खड़े हो जाते हैं पहाड़,
और पूरा का पूरा समन्दर गुज़र जाता है बीच से।
क्या नहीं समझते हम!
कि दोस्ती का भूगोल समझने के लिए
और रचने के लिए दोस्ती का इतिहास
बहुत ज़रूरी है
नक्शों पर अवस्थितियों को समझना
क्या नहीं जानते हम!
हमारे बीच से गुज़रता
असम्प्रेषणीयता का समन्दर,
दुश्मन की कितनी बड़ी ताक़त है दोस्त
फ़िलहाल हम स्वीकार लें,
हम असफल रहे हैं
और हमारी दोस्तो की औकात बताता,

एक समन्दर अट्टहास कर रहा है हमारे बीच।
अब जबकि
बन गया है यह समन्दर तो
शायद बस शब्दों से न पटे

एक भाषा बोली जाती है
एक भाषा घटती है,
एक घटना की ज़रूरत है।

सृजन का संगीत

माँ बनने वाली है वो

एक गेहुँआ आलस्य
छाया रहता है उस पर
दिन भर
भरे शरद में
वासन्ती हो रही है वो

वो सोते में मुस्कराती है
बच्चा
भीतर से उसे गुदगुदाता है

भीतर कोई कुछ लिख रहा है उसके
हिलने से
बिगड़ जाएगा लेख
इसलिए सँभल के चलती है

मैंने उससे पूछा
कैसा लगता है आजकल
झेंपकर बोली
मेरी कोख में समा गया है
समूचा आसमान

मैंने उसका पेट छुआ
बजते हुए सितार के तुम्बे को छुआ
ध्वनि मेरे हाथों से होती हुई

पहुँची मन तक
मैंने सृजन का संगीत छुआ
मैंने बीज को अँखुआते देखा था
मैंने छुआ
बीज को अँखुआते हुए।

तुम्हारी बिटिया का नाम

तुम खोजती हो न! अपनी ढेर सी लड़कियों के लिए
अच्छे से नाम।

तुम्हारी एक लड़की का नाम
हम रखेंगे 'ज़िन्दगी'
ताकि हम उसे बेहद चाह सकें...
ताकि वो रूठे तो बस एक टॉफी में मान जाए।
वो जब बुरा मान जाएगी,गिराएगी हाथों के बरतन

छत को सर पर उठा लेगी, लड़ेगी आँगन से गुज़रती चिड़ियों से भी।

जब रूठ के छुप जाएगी कहीं
हम खोजेंगे खाट के नीचे, छत पर,
दरवाज़े पर खड़े होकर पुकारेंगे

ज़िन्दगी ओ ज़िन्दगी SSS कहाँ छुप गई हो...?

और तब दरवाज़े के पीछे से 'खो' कर चौंका देगी हमें ज़िन्दगी।
जब हमारी ज़िन्दगी उदास होगी
हम धीरे से उसकी उदासी में उतर जाएँगे और
उदासी से पूछेंगे—
तुम कब छोड़ोगी हमारी बिटिया के दिल की मेहमानी?
जब घर में सुबह-सुबह फैलेगा उसका किरन-किरन गीत,
हमें लगेगा आज से सुबहें बेहतर हुआ करेंगी
और दुआ करेंगी हमारी ज़िन्दगी के लिए।
जब बड़ी होगी ज़िन्दगी और सीधे बहस में उतर आएगी हमसे,

वो हमारे समझौतों का अन्तिम दिन होगा।
हम चुपके से पढ़ेंगे उसकी मेज़ की दराज़ से प्रेम पत्र
और देखेंगे अपनी ज़िन्दगी के चेहरे पर ज़िन्दगी की लाली
जब हारने लगेंगे हम और थकने लगेंगे
हम फफक कर रोएँगे और
सुबकेंगे घंटों अपनी बिटिया के आँचल में मुँह छुपा...
ज़िन्दगी हमें फिर दे देगी ज़िन्दगी।
सुनो! तुम्हारी बिटिया का नाम हम उम्मीद रखेंगे
ताकि उम्मीद इतनी अपनी लगे
जितनी पहले कभी नहीं लगी।

अब से...

अब से
मैं अंगूर को
शराब से भिन्न अर्थ देता हूँ
काले अंगूर में तुम्हारी आँख देखूँगा
हरे पारदर्शी अंगूर को
बच्चों की हँसी से जोड़ता हूँ

गहरे नीले आसमान को सिकोड़कर
उन्होंने अपना दस्तरख़्वान बना दिया है
आसमान को
मैं अलसी के खेत से जोड़ता हूँ

रात को अब उनकी रंगरलियों से
अलग मतलब देता हूँ
मेहनत में दमकते
थकान के सुख से भरे
अपने शरीरों के मिलने को रात कहूँगा

एक दिन ऐसे ही
मैं उनके शब्दों के
सारे अर्थ ले उड़ूँगा
वे बोलेंगे
पर अर्थ नहीं निकलेंगे

वे चिल्लाएँगे
पर हम डरेंगे नहीं

अर्थ के गुरुत्व से हीन
उनके शब्द
घूमेंगे हवाओं में
वे खिसियाकर अपने गले नोचेंगे
और पराजित घुड़सवार से
अपने बेमतलब शब्दों के घोड़ों की
अपने हाथों से हत्या कर देंगे

अब रंगों को
उनकी पताकाओं से मुक्त करता हूँ
रंग अब फूलों की ही मिल्कियत होंगे...।

पुण्यशील पाप

जब मैं इतना बड़ा था
कि दुखने लगती थी गर्दन
ज़मीन से पिता को पूरा देखने में।

पिता दफ़्तर जाने को तत्पर,
मैं उनके पैरों से सटा
साथ जाने को आतुर,
माँ आती थी सत्वर,
दिन भर के अलगाव को
सहने के लिए,
कुछ मंत्र देते थे
        पिता माँ को
        माँ पिता को
मैं दब जाता था बीच में...
मेरे शीश के ऊपर
मिल जाते थे दो शिखर...

ये सब लिखते
मेरी कलम थरथरा रही है,
कैसे लिखा होगा
तुलसी ने फुलवारी प्रसंग?
सीता की आँखों के
आरक्त डोरों की स्वप्नमयता,
परम पुरुष राम के
केवल पुरुष में बदलने की प्रक्रिया का
चरण पहला।

ये लिखना पाप है क्या!
'प्रणय'
जन्मदाताओं का...
इस पुण्यशील पाप से लदी
मेरी कलम थरथरा रही है।

तदनुभूति

तुम्हारा सुहाग अमर रहे माँ!
खनकती रहें तुम्हारी चूड़ियाँ दिन-रात...
पर चूड़ी कारख़ाने में
लगातार ख़त्म हो रहे
सुहागों की चीख़
क्या तुम्हें इस खनक में सुनाई पड़ती है?

सदा सुहागन रहो बहन!
हाथों में थिरकती हैं चूड़ियाँ...
तुम्हारे गोरे हाथों से
फिरोजाबाद के बच्चों की झुलसी हुई त्वचा के
सम्बन्ध का एक इतिहास है
क्या तुम्हें पता है?

सदा सौभाग्यवती रहो भाभी!
तुम्हारे हाथों में सोहें ये चूड़ियाँ...
यही काँच जब चूड़ी नहीं था
पिघलते गर्म लावे की बूँद
चू पड़ी थी
बच्चे की मासूम खाल पर,
बच्चे का दर्द से सिहर जाना
तुम्हें चूड़ी में महसूस होता है क्या?
धुआँती रसोई में
उँगलियों पर
भाप से पड़े फफोले देखो तो!
और तुम्हें...!

तुम्हें सुहागन होने का आशीर्वाद कैसे दे दूँ।
जबकि सिलिका की धूल मज़दूरों के फेफड़ों को
सूखी केंचुल में बदल रही है,
पन्द्रह सौ डिग्री सेल्सियस की भट्टी का ताप
मेरे सीने में ठाँठें मार रहा है...।

माँग

हे मनीषी!
बहुत हुआ...
तुम किताबों पर
डायरियों पर झुके रहे,
इधर साँझ होने को आ गई।
उठो!
किताबों में शब्दों पर फफूँद लग रही है,
तैयारी करो
कल तुम्हारे शब्दों को धूप दिखाएँगे
चलो छत पर...
अचार के साथ, बरियों के साथ, रज़ाइयों के साथ
शब्दों को धूप दिखाएँ।
अभी
शब्दों के छिलके नरम नहीं हुए
फिर स्वाद की कौन कहे!
अभी
तुमसे बहुत कुछ माँगूँगा मनीषी
पर पहले शब्दों को अचार ही हो जाने दो...
कि बच्चे उन्हें चुरा कर खाएँ
कि माँ बनने वाली औरतें
अपनी जीभ को सन्तुष्ट करें।
अब भला
इसमें कोई तुक है
कि शब्द और रज़ाइयाँ
नैप्थलीन की गोलियाँ सूँघते रहें
और बाहर लोग आतंक और ठंड से ठिठुरते रहें!

वित्तमंत्री

1

वित्तमंत्री
क्या अन्दर आ सकता हूँ मैं?
जी, मैंने दिल को दरवाज़े पर ही छोड़ दिया है,
दिमाग़ को
        किसी तरह समझा-बुझा कर ला पाया,
        मान ही नहीं रहा था किसी सूरत।
रहे हाथ...
वे मेरे किसी काम के नहीं रहे,
उन्हें जाते वक़्त यहीं छोड़ जाऊँगा—
कटे हुए हाथों को आप
वित्त मंत्रालय का प्रतीक चिह्न बना दीजिएगा
        ख़ूबसूरत लगेगा।

जी कुछ अर्ज करना था आपसे—
माँ रात भर खाँसती है दमे से
(और शायद अभी भी
        उसके फेफड़ों की क़ीमत
        आपके टॉयलेट पेपर से ज़्यादा हो)
सुना है आप उदार हो गए हैं
तो सोचा...सोचा
कि माँ के मुफ़्त इलाज के लिए
शायद...शायद आप कोई सिफ़ारिशी ख़त लिख दें
और सुना है बिजली बनाने के लिए
बाहर से बड़ी कम्पनियों को बुला रहे हैं आप?

बिजली का इन्तज़ाम है आपके पास
तो रोशनी का भी होगा
बाबूजी की आँख की रोशनी लगातार कम हो रही है।
बहन दूर वहाँ चली गई गुजरात,
ब्याह के बाद
एक बार भी नहीं आई मायके,
जब साड़ी का पैसा होता है
तब रेल का भाड़ा नहीं जुटता,
मैंने तो सुना है वित्तमंत्री!
कि दुनिया सिकुड़कर बन गई है
        छोटा-सा गाँव
तो रेल का भाड़ा और कम होना चाहिए न!
एक छोटा-सा भाई है सर!
जाने उसके बड़े होने तक
        कैसी रहे दुनिया
भारत सरकार द्वारा उपलब्ध कराए गए
रियायती मूल्य के काग़ज़ पर ही सही,
उसकी क़िस्मत ठीक से लिखवा दें।
शेयर मार्केट के इश्यू ज्यादा छपने लगें
और बच्चों को किताबें मिलनी
        एकदम ही बन्द हो जाएँ
        इससे पहले ही...।
और यह बाहर शोर कैसा है—?
दोस्त है मेरा बावला
नारे लगा रहा है आपके ख़िलाफ़,
वह दिमाग़ को समझा नहीं पाया
        भीतर आने के लिए।
सुना था निजीकरण कर रहे हैं आप
तो बस यूँ ही
कुछ निजी बातें बताने आ गया
और अपने प्यार के बारे में भी
आपकी नीतियों की बाबत
        बातें करनी थी कुछ...ख़ैर
        वह दुखद प्रसंग हैं

और बेरोज़गारी जैसा ही सवाल है
बाहर शोर बढ़ रहा है वित्तमंत्री!
वे मेरे दोस्त को पीट रहे हैं
और उसके नारे तेज़ होते जा रहे हैं...
आप नारों से डरते हैं न?
क्यों वित्तमंत्री
आप किसी देशी या विदेशी कम्पनी से
क्यों नहीं कहते कि
वे एक ऐसा हेलमेट बनाएँ
जिसे पहनकर
नारे आपके स्थितप्रज्ञ सिर से टकरा न पाएँ।

2

क्या कर रहे हैं
वित्तमंत्री आजकल?
(अखबार की सुर्खी)

क्या करता है
कई हाथों...
जेबों...
तिजोरियों से होता हुआ एक नोट
हुंडी बनने के बाद
क्या करती है
बौद्धिक धूर्तता
कॉमन सेंस बनने के बाद?

वित्तमंत्री आराम कर रहे हैं
निश्चिन्त भाव से
वे देख रहे हैं एक खूँखार बाज़ार के
'बाज़ीचा-ए-अत्फ़ाल' में
खेलते अपने मासूम हमवतनों को।

वे देश के हर हुक्मरान के
गले का तावीज़ हैं
'मन का मनका' हैं।
वे बहुत ज़रूरी हैं,
पर वे ही हों यह ज़रूरी नहीं
क्या कर रहे हैं वित्तमंत्री आजकल?
क्या करता है ज़हर ख़ून में उतरने पर!
निश्चिंत हो जाता है,
फिर तो जो करता है ख़ून ही करता है।

हवा का रुख़

हम प्रतीक लेते हैं इतिहास से—
किले,
मीनार,
शिलालेख
और स्तूपों के खंडहर...
राजाओं के पराभव,
साम्राज्यों के
ध्वस्त हो जाने के प्रतीक,
ये बताते हुए कि
परिवर्तन
तलवारों की मूँठ का सोना भी छीन लेता है।

हमारे बाद के कवि
बस इसी तरह प्रतीक लेंगे
        इतिहास से,
संसद भवन के
भयावह खंडहरों की
निस्तेज निस्तब्धता,
टूटे सचिवालयों की वीरानी,
नार्थ ब्लॉक के अवशेषों पर
        जमती घास...
        मँडराते चमगादड़।
कभी देखा है उस जादूगर को!
जो बाहर से साबुत केले को
भीतर ही भीतर
बाँट देता है कई टुकड़ों में,

समय
सबसे बड़ा जादूगर है
और उससे बड़े हैं हमारे हाथ
जो बाँट चुके हैं
कई टुकड़ों में,
सम्राटों के प्रासादों को;
ये सारी चमक छिलके की है;
छिलके के उतारे जाते ही
भरभरा पड़ेंगी अट्टालिकाएँ
विधान मंडलों के गुम्बद—
आज के सम्राटों के
आदेशों की फ़ाइलें मिलेंगी
खुदाई में
...और ऊँची इमारतों पर
हवा की दिशा बताते मुर्गे
जिनके होते हुए भी
सम्राट नहीं समझ पाए
हवा का रुख़।

रिव्यू

नहीं दोस्त!
बस यूँ ही नहीं बोल रहा
कि मिट जाए दिल की ख़लिश
या उदासी भरे इस माहौल में
हो जाएँ ज़रा बौद्धिक दिलजोइयाँ
        चाहता हूँ
        आपसे बाँटूँ वे परेशानियाँ
जिनके रहते दिमाग़ ओवरटाइम करता है
फिर भी भरता नहीं पेट सवालों का,
वे हमसे आगे की बात कह रहे हैं साथी!
मसलन,
अपने वजूद की सारी ईमानदारी समेटकर
        कहना चाहता हूँ—
'बुरा वक़्त है, सचमुच बहुत बुरा'
इसी बीच बुरे वक़्त का सिपहसालार कहता है
'लोकतंत्र को घुन लग गया है',
गिरने वाली हैं उसकी खोखली शहतीरें।
मेरा दिल भरा होता है पूरी नफ़रत से,
मैं चिल्लाना चाहता हूँ
'फ़िरक़ापरस्ती मुर्दाबाद',
आवाज़ मेरी फँस जाती है गले में
जब देखता हूँ,
फ़िरक़ापरस्तों का मासूम सरदार
क़ौमी इत्तेहाद के लिए
बैठ जाता है उपवास पर,
'हे राम' का दुपट्टा ओढ़कर

जिसके नीचे होती है
'जय श्री राम' की जैकेट।

...मैं फँस गया हूँ
क्या लिखूँ
क्या कहूँ...
कि लिखने को रह ही क्या गया है।
नहीं साथी मुझे रोकें नहीं,
ख़ुशफ़हमियों के बदन पर पड़े छाले
जीभ से फोड़ने का वक़्त गया,
वक़्त गया जब हम साँचा लेकर घूमते थे
जिसमें मढ़ सकें समाज को
मरे हुए जानवर की खाल-सा
और बजा सकें मनचाही ताल...
सिद्धान्तों को हमारी रूढ़िबद्ध आस्थाओं की
बैसाखियाँ नहीं चाहिए
और नहीं चाहिए,
आँखों से बहते पसीने को
आँसुओं-सी पवित्रता।
आत्मा को झुलसा देने वाली,
शरीर से खाल उतार लेने वाली इस गर्मी में
उतर आने दो
नंगे सिर-नंगे पाँव
हमारे सिद्धान्तों को—
खुल्लमखुल्ला इस ख़ूनी लड़ाई में।
उसे मुक्त करें—
अपनी अतार्किक आस्था,
अपने पिछलग्गू विवेक और
अपनी कोल्हू छाप रचनात्मकता से...।

याद है!
हमने कहा था—
हम उनके शब्द ले उड़ेंगे
वे बोलेंगे और हम अर्थ सोख लेंगे,

एक सौ अस्सी डिग्री पर उल्टे हुए अर्थों के साथ
हमारे शब्द वापस लौट रहे हैं,
पहचान खोकर।
हमने कहा हर हाथ को काम दो, उन्होंने
सारे उठे हुए हाथों को काट लिया
लोकतंत्र के तोरण पर
कटे हुए हाथों की वन्दनवार से सज गया शब्द
'स्वरोज़गार',
क़र्ज़ की नई व्याख्या...
महामहिम के सुनहरे हाथ,
कटे हुए हाथों के टुंडों से गोल्डेन हैंड शेक करने लगे।
वे शब्दों को फैलाकर, हमारे अर्थों को
छोटा कर देते हैं, वे अर्थों को फैलाकर
शब्दों को फाड़ देते हैं।
वे लोग जो देशों की सीमाओं को पार करने पर
गोली से भून देते हैं लोगों को,
उन्होंने अस्मिता की सीमा पर
बीमे का चेक पोस्ट बैठा दिया...
कुल जमा कहना ये है
कि कहने को रह नहीं गया बहुत कुछ,
हमारे शब्द आज उनकी ज़ुबान की शोभा हैं...
उन्होंने हमसे सीखा, 'हमसे', और देखो
जिन मुहावरों से वे जग जीत रहे हैं
वे हमारी ईजाद हैं
वरना उनकी कूवत कहाँ थी।
हमें कुबूल करना चाहिए—
कि यह कछुओं के रेस जीत लेने की कहानी है
कि यह क्षिप्रगतिकों के वंशजों के राह में सोने की कहानी है।
यह कमबख़्त आदत ही तो नहीं जाती,
गर्भ में मिले ज्ञान को
बैसाखी की तरह इस्तेमाल करना और
कच्ची उम्र चक्रव्यूह के भीतर मारा जाना...
मैं अपने दिल पर
बार-बार दस्तक देता हूँ—

सुनो अभिमन्यु!
आज उनके पास हमारा भी शस्त्रागार है
और हमें कोरी वीरता से आगे के
हथियार तलाश करने हैं।

वंचक 'मैं'

क्या मज़ाक़ है दोस्तो!
यह कौन 'मैं' है
जो हमें एक रुपया अदा करने का वचन देता है,
तब जबकि
रुपये की क़ीमत (रह जाय) सिर्फ़ बाईस पैसे!
वह तब भी यह वचन देता था
जब रुपये क़ीमत थी पचास पैसे।

भई!
किसी शब्द के कोई मानी बचे हैं
कि नहीं,
वायदों, वचन की कोई क़ीमत है कि नहीं?
वह क्यों नहीं लिखता
कि वह धारक को
सिर्फ़ बाईस पैसे अदा कर रहा है
'इस वक़्त'
कल का कोई भरोसा नहीं।

कल जब महँगाई बढ़ जाएगी
पचहत्तर प्रतिशत,
शेयर के जुए में तुरुप का इक्का
इस हाथ उस हाथ चला जाएगा,
डॉलर का बदलेगा मिज़ाज तो...
'मैं' का वचन बनाए रखने के लिए,
तुम्हें अपनी जेब से निकालने पड़ेंगे
कुछ और इसी तरह के झूठे वायदे

और...और थोड़ा-थोड़ा कर यह बढ़ती
मुन्नी की फीस को खा जाएगी।

कौन है यह 'मैं'
जो बढ़कर है रिज़र्व बैंक से
जो नौकरियों के दरवाज़े पर ताले-सा लटकता है!
और...और कौन है यह आक्रान्ता 'मैं'
जो संयुक्त राष्ट्र की बाँह मोड़कर,
इराक़ के दुधमुँहे बच्चों के
क़त्लनामे पर दस्तख़त कर देता है!

यह है वंचक 'मैं'—
और ये हैं सर्वप्रस्फुटित 'हम'
क्या अब भी
मुद्रा पर छपे शेर की तरह
पालतू और निरीह दिखते रहेंगे 'हम'!

भाषा

भाषा
अर्थों की नदी में
        नाव।
कुछ-कुछ पानी में
कुछ-कुछ बाहर...
यूँ तो,
        पानी के होने से ही नाव, नाव है।
घाट पर रहेगी
        तो भी पानी ही कहेगी,
पर नाव न हो तो,
        नदी रहस्य है,
        अबूझ है
        और लगभग दुश्मन है।
दोस्त होता है पानी
जब सतह पर घूमती नाव,
गहराई का पता देती है।
भाषा
        अर्थों की नदी में
                        नाव
कुछ-कुछ पानी में
कुछ-कुछ बाहर...।

कौतुक-करतब

एक दिन जब सो रहे हों शब्द,
हम उनके लिहाफ़ अदल-बदल दें।

शब्दों की आइस-पाइस में
इस शब्द की फ्रॉक उसे पहना दें
        उसकी बनियान पहना दें उसे,
ताकि शब्दों के 'चोर'
चकमा खा जाएँ और 'धप' पड़ जाए।

इस शब्द की फ़र्द में भर दें
        उस अर्थ की रुई
        और उस अर्थ पर, इसका गिलाफ़ चढ़ा दें।

इतना सब कौतुक-करतब
हमारी ख़ूबी नहीं,
शब्दों की दोस्ती है।

चलो मेले से ले आएँ,
ढेर से मुखौटे, पहना दें शब्दों को।
वे सभी जो शब्दों को
सिर्फ़ चेहरे से पहचानते हैं
        धोखा खाएँगे
और आम पर लिखी उनकी कविताओं से
करेले की महक आएगी।

इतना सब कौतुक करतब
हमारी ख़ूबी नहीं,
शब्दों की दोस्ती है।

हो ची मिन्ह की दाढ़ी

ठुड्डी से लटकी
बेतरतीब-बेतरतीब
नाटक के नौसिखिए मेकअप मैन की
बनाई दाढ़ी
बेतरतीब-बेतरतीब

बच्चा बन जाऊँ
हो ची मिन्ह की गोद में बैठकर
उन्हें कविताएँ लिखता देखूँ
उन्हें बोलता हुआ सुनूँ
ओज से थरथराती दाढ़ी को छू लूँ

उनकी दाढ़ी का हर बाल
ताक़तवर है
उस उपनिषदीय तिनके की तरह
जिसे पवन नहीं उड़ा पाया
वरुण नहीं बहा पाया
जिसे नहीं जला पाया अग्नि
अगर हो ची मिन्ह
दाढ़ी कटा दें अपनी
तो अमेरिका उन्हें देगा भारी पूँजी
एशिया और अफ्रीका के
ग़रीब मुल्कों में
उद्योग लगाने के लिए

अगर वो दाढ़ी कटा दें
तो भारत में
उनके सीने में टाँक दिया जाएगा गुलाब
चाचा हो ची मिन्ह
टाँक दिए जाएँगे
न्यायालयों में
थानों
स्कूलों में

लेकिन नहीं कटा सकते
हो ची मिन्ह अपनी दाढ़ी
उनकी दाढ़ी में
क्रान्तियों के नुस्खे छिपे हैं

उनकी दाढ़ी
वियतनाम के जंगल हैं
बेतरतीब-बेतरतीब
जिसमें भटककर टूट गए थे
साम्राज्यवादी सिपाहियों के मन्सूबे
जिन जंगलों से
खोज लाए थे
वियतनामी गोरिल्ले
ग़रीब मुल्कों के लिए निषिद्ध फल
आत्मसम्मान का।

यह बच्चा किस पर गया है

किससे मिलती है शकल
यह बच्चा किस पर गया है

यह बच्चा
आसमान पर गया है
मुस्कराता है
तारों की तरह
चमक पड़ती हैं आँखें

यह बच्चा
पूरब पर गया है
कैसा दिप-दिप करता है
माथा
सूरज

यह बच्चा
चाँद पर गया है
हँसता है
दँतुलियों से टपक पड़ती है
चाँदनी

यह बच्चा
नदी पर गया है
लहरों की तरह उछलता है कभी
कभी

सोचता रहता है
देर तक

यह बच्चा
पेड़ पर गया है
ताकता है चिड़ियों की ओर
निमंत्रण भरी आँख से

कैसा है यह बच्चा

इसकी आँखें रूसियों जैसी हैं
यह कज़ाखों की तरह चोगा पहने है
इसके बाल
गोल
भूरे
घुँघराले हैं
जर्मनों जैसे

इसका रंग
चीनी
गेहुँआ है

इसकी नाक
हिन्दुस्तानी है

क्या कभी सोचा जा सकता है
कि इसके यूरोपीय हाथ
इसके बांग्लादेशी पैरों का शोषण करेंगे
ऐसा हो सकता है कभी
कि इसकी अमेरिकी हथेली
इसकी अफ्रीकी छाती पर मूँग दले

ऐसा कभी हो सकता है क्या
गर्दन ऐसे सवार हो

कि रीढ़ चकनाचूर हो जाए

इसे बाँटोगे धरती टुकड़े-टुकड़े हो जाएगी

बहुत ख़ूबसूरत है यह बच्चा
हमारे भविष्य पर गया है।

यूसुफ़ भाई!

ग़लती तो आपकी ही थी
यूसुफ़ भाई!
सबसे बड़ी हिमाकत तो ये
कि आपने नाम रखा अपना
'दिलीप'
जानते हैं दिलीप,
राम जी के बाप के बाप के बाप के बाप
का नाम था।
आप चढ़ जाएँगे
राम जी के बाप-दादाओं तक
और आपका कुछ न बिगड़ेगा।
अब तो कुछ सुधरे हैं
आप के लोग
वरना जाने क्या खब्त चढ़ी थी
पूरी की पूरी क़ौम को
मीना कुमारी, मधुबाला, दिलीप कुमार...
क्या कोई अपना नाम नहीं होता
आपके मुल्क में?
(सवाल तो ये भी है कि आपका मुल्क कहाँ है?)

अभी ये लोग अगर ज़िन्दा होते
तो उनके ख़िलाफ़ प्रदर्शन में
चड्ढी भी नहीं पहनी जाती
क्योंकि क़ौमी पहचानें अब वहीं सिमट कर रह गई हैं
यूसुफ़ भाई!
हमारे लोगों ने कभी

इकबाल, जावेद या यूसुफ़ नाम नहीं रखे
क्योंकि गंगा-जमुनी तहज़ीब तो तब बनती है
जब जमुना पहचान खो दे अपनी
और मुसलमान अपनी वतनपरस्ती का सर्टिफिकेट
माफ़िया, बिल्डरों
अघाए हुए महन्तों
और थैलीशाहों के सरपरस्तों से माँगने लगे।

कितना अंग्रेजी में लिखा हमने
यूरोप ने कभी
'रिकग्नीशन' नहीं दी हमें।
हाँ! कम्युनिस्टों का कार्टून बनाने पर
बुकर-वुकर दे देते हैं वे
हम भी उसी परम्परा के वारिस हैं यूसुफ़ भाई;
कुछ तिरशूल-विरशूल भेंट कर देंगे आपको
अगर आप मान लें कि
मुसलमान बेसिकली गद्दार होता है
और देश की कम्पनियाँ
धन्नासेठों और विदेशियों को बेच देने वाले
राष्ट्रभक्त हैं—
वतनपरस्त हैं।

आपका मुल्क कहाँ है यूसुफ़ भाई!
टोबा टेक सिंह कहाँ पड़ता है?
माँ की कोख पर रसीदी टिकट लगाकर
अँगूठे का निशान लेने वाले पूछते हैं
किस मुल्क का है तू,
बता माँ का नाम
वल्दियत बता अपनी!
कभी तो मन करता है
कि आपको भारत और पाकिस्तान में कहीं
एक ऐसी जगह ले जाकर
आपके सीने में ख़ंजर उतार दूँ
जहाँ भारत और पाकिस्तान न हो

'मशाल' का वो सीन याद है यूसुफ़ भाई,
जब आप मदद के लिए
चौराहे पर खड़े चिला रहे हैं 'कोई है—कोई है'
आप हमारी आवाज़ सुन रहे हैं यूसुफ़ भाई
हम यहाँ से चिल्लाते हैं
हर कुहासे को चीरते हुए
हम हैं...हम हैं...यूसुफ़ भाई!
...दिलीप कुमार...हम हैं...इधर
कुहासे के इस ओर...।

अल्पमत

अभी तो लिख रहे हैं हम
        भाषा में कविता,
कविता की भाषा तक तो
        हमारी पहुँच ही नहीं;
अभी तो लिखी जा रही है
        दुनिया में कविता,
कविता की दुनिया में तो
        हम गए ही नहीं।
...और...वह दुनिया भी कैसी कवियो!
जहाँ हम कितना कम देखते हैं,
जितना देखते हैं दिखता कहाँ है उतना,
जो दिख जाए
उसका कितना हिस्सा हम पकड़ पाते हैं?
पकड़ लेते हैं जितना
        कहाँ समझ आता है,
समझ आता है तो
        कह कहाँ पाते हैं
कह देते हैं जो
उसका कितना छोटा हिस्सा
        होता है सम्प्रेषित
जो सम्प्रेषित होता है
        उससे बदलती है कितनी थोड़ी-सी दुनिया!
कविता का जनाधार घट रहा है—
सड़ चुका है कविता का लोकतंत्र।
थोड़े से अनुभवों से सरकारें बन जाती हैं,
ज़्यादा अनुभव लेकर शब्द

बैठे रह जाते हैं विपक्ष में।
घट रहा है भाषा का जनाधार।
समाज के दस-बीस प्रतिशत के शब्दकोष से
बन जाती है भाषा
...और दो प्रतिशत के चुनावी गठजोड़ से
बन जाती है कविता।

और...
लोकतंत्र में
अल्पमत के ख़तरे झेलती
बहुमत विरोधी सरकार
या
अल्पानुभाविक कविता
किसके काम आएगी!

'मुक्त' व्यवस्था

सामने से हटते ही
दुकानदार के
शीशे पर लगा स्टिकर चुभता है—
'फैशन के इस युग में
गारंटी की इच्छा न करें'
रेडीमेड कपड़ों के टुटपुँजिए व्यापारी के मुँह से
नई व्यवस्था का
नया दर्शन
फूहड़ तरीके से फूटता है—
गारंटी माने आश्वस्ति
माने भरोसा
माने विश्वास
माने ज़िम्मेदारी
माने...
इस व्यवस्था में आश्वस्ति की इच्छा न करें।
एक ग्लोब को हाथ में नचाते हुए,
दुनिया का गॉड फादर सोचता है
गारंटी—?
तीसरी दुनिया में तीसरे दर्जे के लोगों के दिमाग़ में
यह पिछड़ी हुई समाजवादी तकनीक का
अपभ्रंश है,
इसे निकाल फेंको।
एक अरब पत्तियों वाले
पेड़ पर बैठकर सोचता है बूढ़ा बैताल...
गारंटी—मोह है,
मोह में मुक्ति नहीं,

मुक्त हो जर्जर मानव...बैताल बनो।
इस व्यवस्था में
विश्वास की इच्छा न करें।
महसूस करें दोस्तों के हाथ में चाकू
दोस्ती पर विश्वास न करें
आपने अपने मोहब्बत के ताज पहनाये थे
जिस कलाकार को,
वह आपके ताज को बेच देता है
अमेरिका में;
कलाकार का और उससे बढ़ कर
कला का विश्वास न करें।
अस्पताल जाएँ तो ठीक होने की उम्मीद न करें...
आवेदन दें तो
नौकरी की उम्मीद न करें
मेहनत करें तो पारिश्रमिक न माँगें,
रिश्तों में गर्माहट की उम्मीद न करें...
(कहाँ हम जोड़ के बैठे थे सात जनम की)
फैशन में बदल दें कपड़े,
आज पैबन्द लगाएँ कल फाड़ दें
फिर पैबन्द लगाएँ और फिर फाड़ दें
आज रोटी के साथ नमक खाया है
तो कल खाएँ गुड़...
यह 'मुक्त' व्यवस्था है।
संवेदना से ज़िम्मेदारी से और भी
इस तरह के जितने पिछड़े शब्द हैं उन सबसे,
इसे ख़तरा है विश्वास से
विश्वास माने इनसान
इनसान होने की इच्छा न करें।

संवेदनात्मक यथार्थ

मेरे दोस्तो, पाठको!
कृपया मुझसे और अधिक अपेक्षा रखें,
मुझे और अधिक ज़िम्मेदारी दें
जिनके लिए मैं जवाबदेह होऊँ—
        जिनके पूरा न होने पर मेरी पेशी हो सके।
क्योंकि मैंने भी अपेक्षाओं पर
काम न होने पर किसी को बख़्शा नहीं...
जब मेरा जूता छोटी उँगली दबा रहा था
मैंने मोची को हज़ार खरी-खोटी सुनाई—
पैंट के कमर में ज़रा सा कसने पर
मैंने दर्ज़ी का पैसा रोके रखा है बीसियों दिन
देर से आने पर
        दूध वाले को दी हैं सौ लानतें,
हॉकरों का टेढ़ी नज़र से किया है स्वागत और
बर्तन में जूठे अनाज के दाने को
मैंने महरी के सर पर पहाड़-सा दे मारा है,
मैं बहुत दुखी हुआ था
कांस्टेबिल को ट्रक वालों से पैसा
या किसी क्लर्क को घूस लेते देख
मैंने कुंठित स्कूल मास्टरों के
क्लास न लेने पर उन्हें बहुत आक्रोश में
        भविष्यहन्ता करार दिया था;

देखिएगा दोस्तो!
मैं कविता की नक्काशी समझाते और
मन की हज़ार कुहेलिकाओं में

शब्दों और यथार्थ के चक्कर काटने की
        कोई उम्दा दलील देकर
और कविता को यांत्रिक रूप से न लेने की बात
बौद्धिक मुद्रा में दोहराकर आपको भरमाऊँ न।
शब्दों का बोझ मुझ पर इतना हो
कि पिंडलियों की नसें फटने लगें
मैं हाफूँ
        और कविता लिखना
धीरे-धीरे जोखिम का काम बन जाए।
चप्पल सिलने में तो
हमने मोची को प्रयोग के नाम पर कोई छूट नहीं दी,
हमने नहीं सोचा कि
चप्पल सिलना केवल यांत्रिक काम नहीं,
जाने कब किसी ने उसके स्वाभिमान को
        कुचल दिया हो
और सूजा ग़लत चल गया हो।
दर्ज़ी की दुकान पर काम करते,
बूढ़े आदमी की डबडबायी आँखों में
बेटी के घिसते कपड़ों का बिम्ब तैर गया हो
और तुरपाई ग़लत हो गई हो।
दहेज के लिए टूट गया हो
बेटी का रिश्ता और
दूधवाले को रातभर न आई हो नींद,
या कि हॉकर की जवान आँखों में
सुबह कोई सतरंगा सपना तैर गया हो
        और वह उठ न पाया हो।
टीबी से खाँसते पति का चेहरा
उभर आया हो
जूठे बर्तनों में
और उन पर ठीक से राख लगाते न बना हो महरी से।
कि उस पुलिस वाले ने जाने किस मजबूरी में

बढ़ाए हों हाथ और
क्लर्क का दिल

कैसे चाक हुआ होगा भिखारी बनते पहली बार,
और स्कूल मास्टर के घर का
कितने महीने का किराया बाक़ी है...
हाँ...आप मुझसे बातें करें!
जूते के ग़लत सिल जाने को
मोची के संवेदनात्मक यथार्थ से
और उसे दुनिया के यथार्थ से जोड़कर
        देखने के लिए मुझे बाध्य करें!
मुझे पता चले कि
मन केवल मेरे पास ही नहीं
उन सबके पास है...
आप मुझे काम दें और और
मैं शब्दों का बाज़ीगर
        बददिमाग़, बदतमीज़, बदसलूक
        आप मुझसे विनम्र होने की माँग करें।

गृहयुद्ध

यह कविता में गृहयुद्ध का समय है।
अक्सर ऐसा ही होता है
व्यवस्थाओं के संक्रमण काल में,
मानवता के नवीनीकरण के दौरान—
        आधी अभिव्यक्तियों के भ्रूण,
        भाषा में शब्दों की आपसी समझदारी के
                अधूरे दस्तावेज़,
सम्प्रेषण की परती ज़मीन पर
हमारी असफल प्रार्थनाओं की तरह बिखरे होते हैं।
यह कविता में गृहयुद्ध का समय है
        और भाषा में भी।
इधर-उधर बिखरी शक्तियाँ
अपनी-अपनी बुर्जियों पर जमा होने लगी हैं,
परमाणु बम की धर्मशास्त्रीय व्याख्या
        करती भाषा
और शेयर मार्केट की दलाली में मची चीख़-पुकार के
        अराजक शब्द,
        एक हो रहे हैं...
और चरणोदक लेने को तैयार हैं
समझौतावादी मुहावरे।
लेकिन इतना ही नहीं हो रहा बस...
हमारे जिगर के टुकड़ों की तरह पाले
सरफ़रोश शब्दों की पूरी जमात,
चेहरे पर निर्विकार धैर्य चट्टान की तरह जमाए
        कविता में उतर रही है।
सचमुच यह कविता में गृहयुद्ध का समय है।
जब अस्पताल के बजट में कटौती का

निर्मम सरकारी आदेश
        उदार कहा जा चुका है;
जब कि कितनी ही मासूम निजताओं को
बाज़ार में नीलाम करना,
        बताया जा चुका है निजीकरण;
जब आभूषण प्रेम की कसौटी बन गए हों,
वेश्याओं को बताया जा चुका हो सेक्स वर्कर,
सेक्स को बताया जा चुका हो श्रम
और श्रम को
अनीतिवृद्ध सांसदों का मनोरंजन करता सेक्स
तो समझ लेना चाहिए
कि कविता में गृहयुद्ध का समय है।
...और बेईमान कवि
अपने मासूम शब्दों को
बिना प्रशिक्षित किए इस आग में झोंक देंगे,
सरकारी कवियों की प्रतिभा
औरतों के शरीर का भूगोल तय करने में खपेगी।

ईमानदार कवि
कमांडर की तरह अपने शब्दों से,
व्यक्तिगत और सामूहिक रूप से मिल रहे होंगे
और उन्हें साहस-धैर्य-शृंखला बनाने की
सलाह दे रहे होंगे।
हमारी नर्सरी के सबसे नाज़ुक रिश्ते
दुश्मन की बमबारी में तबाह हो जाएँगे,
शायद हमारे सबसे जाँबाज़ शब्द काम आ जाएँ
पर भाषा उन्हीं शब्दों से नहीं बनती
जो ज़िन्दा रहते हैं,
किसी अच्छी कविता के पीछे रहती है
अधूरी कविताओं की भीड़।

यह कविता में गृहयुद्ध का समय है
और सच्चे कवि अपने शब्दों को
        शहादत के लिए तैयार कर रहे होंगे।

दुनियादारी

कुछ भी दावा नहीं है बड़ा करने का।
हम हैं दुनिया के
सबसे दुनियादार आदमी,
ख़ूब हिसाबी गृहस्थ—
बस हर समय घर बनाने के चक्कर में मशगूल।

बेशुमार घर हैं हमारे पास
जिनके आँगनों में है हमारी याद,
दरवाज़ों पर हमारी आहटें...
हर शहर में कम से कम एक घर तो हो ही
जिसकी साँकल हमारी धड़कन से खड़क जाए।

हम हैं बहुत भीरु लोग,
हमारे आँसुओं से भीगने के लिए
हमें चाहिए ढेर से दोस्त कन्धे,
हमारे ठहाकों को ऊपर उठाने के लिए
ढेर से सहयात्री ठहाके।

हम हैं बहुत संसारी कुटुम्बी—
पैसा इकट्ठा होते ही राजनीति का थोड़ा-सा सीमेंट
ख़रीद लेते हैं
ख़रीदते जाते हैं प्यार की ईंटें,
गर्मजोश बातों की थोड़ी-सी ज़मीन मिलते ही
हम घर बनाने लगते हैं।
पालामारी रातों, लू के बवंडरों से दहकती दोपहरों,
निर्मम बरसाती शामों को

बेघरबार मौसम को साथ लेकर,
हम किसी मेहनतकश घर के दरवाज़े पर
अपने बेनाम सम्बन्धों के दावे से दस्तक दे सकते हैं।

अपनी लावारिस गृहस्थी को
दोस्तों से आबाद करने, बेसहारा सड़कों को
अपने पैरों का साथ देने,
हम निकल सकते हैं
किसी बेगाने शहर को हमराज़ बनाने
किसी नामालूम गाँव की पीठ पर धौल जमाने।
कुछ भी बड़ा करने का दावा नहीं है।
हाँ एक छोटी-सी चुनौती ज़रूर है—
जितने घर हैं हममें से एक के पास,
दुनिया के सारे सौदागरों के पास मिलाकर भी
उससे अधिक घर होंगे
तो हम बग़ैर शर्त अपनी लड़ाई रोक देंगे।

उसे प्रश्न पाल रहे हैं

पौधा बढ़ता है
बढ़ती जाती है
उसमें सूरज की रोशनी सोखने की शक्ति

बच्चे बढ़ते हैं
बढ़ता जाता है
उनके फेफड़ों का आयतन

सोमू बढ़ रहा है
तो बढ़ती जा रही हैं
उसकी जिज्ञासाएँ

किसी ग़रीब की लड़की की तरह
खेत में खड़ी फसल की तरह
बढ़ रहे हैं
उसके सवाल

उसकी उत्सुकता
एक्स किरणों की तरह
मानवता के

अन्दरूनी हालात का पता देगी

जो हर गम्भीर प्रश्न को
कुंजियों के सहारे हल करते हैं
जो चले जा रहे हैं ढलान पर

आराम से बिना पैडिल मारे
सोमू की अकुलाहट चढ़ाई बन जाएगी उनके लिए
उनके घर पहुँचते हैं हम
वे बस चलते—चलते को ही होते हैं
और अनुत्तरित रह जाते हैं
हमारे प्रश्न
सोमू का कौतूहल
लोहे का दरवाज़ा बनकर
खड़ा हो जाएगा उनके सामने

हम पले हैं
आश्वासनों में
सोमू को जिज्ञासाएँ पाल रही हैं
प्रश्न पाल रहे हैं।

बोरे भर ज़मीन

मोची भाई
तुम जूता गाँठते हो
मैं कविता लिखता हूँ
अच्छी जमेगी हम दोनों की
क्योंकि
मैं कविता को
ईमानदारी और मेहनत से किए गए
हर काम के क़रीब मानता हूँ

तुम पहचानते होगे
घिसी हुई चप्पल देखकर
आदमी की चाल

आदमी की चाल देखकर
पहचान जाते होगे
कि चप्पल में नुक़्स कहाँ है

मोची भाई
हमारी धरती लंगड़ा रही है
उसे चप्पल से
कीलें चुभ रही हैं
कीलें ठोंक दो

एक चप्पल की बद्धी टूट गई है
उसे सिल दो
नगरपालिका वाले

फुटपाथ पर
बोरे पर लगी
तुम्हारी छोटी-सी दुकान उजाड़ देते हैं
इसका यह हरगिज़ मतलब नहीं
कि ये धरती उनकी है
हाँ ये साम्राज्य उनका है...
बोरे से जितनी जगह तुमने घेर ली है,
उतनी ज़मीन
उन्हें अपने साम्राज्य से
निकलती दिखाई देती है

वे तुमसे डरते हैं
मोची भाई!

मौत जैसी बेहूदा बातें

सचमुच कितनी बेजा बात है भाई!
कि हम आदी हुए जाते हैं
        तुम्हारी अनुपस्थिति के।
हमारी आँखें क्यों नहीं बन जाती छाला
        कि रिसा करें दिन-रात,
क्यों नहीं तब्दील हो जाती हमारी जीभ
इक लपट में
कि जल-जल टपका करें लफ़्ज़,
लहू क्यों नहीं बहता जिस्म में,
        काँटे उगाए
        रफ़्तार में अपनी,
और क्यों नहीं?
हमारी छाती बन जाती
        एक घाटी जिसमें
        तनहाई की धुन्ध में लिपटे पेड़ों के बीच
        हमारी आवाज़ गूँजती रहे
                भटकती रहे
                तड़पती रहे मुसलसल
                भाई! भाई! भाई
तीखी
ठंडी हवा
आरी की तरह रेतती है हड्डियाँ, सूरज कोहरे की चादर लपेटे,
गंगा के कछार में
        दफ़्न हो जाता है सरेशाम
और उसकी क़ब्र के पत्थर पे
रात तेज़ करती है अपना ख़ंजर

और हम!
क़त्लगाह में उगी फूलों की लतर की तरह
हत्यारी हवाओं में डोलते हैं
    हौले-हौले।
नहीं भाई!
पागल नहीं होना चाहता मैं।
कि अपने नाख़ूनों से रेज़ा-रेज़ा कर दूँ जिस्म अपना
    लेकिन...
यह धैर्य
    ठंडापन
    यह अकर्मण्य स्थितप्रज्ञता भी तो
    एक बीमारी है।
और छि:
सबसे बेजा बात है
मौत जैसी बेहूदा बातों का आदी हो जाना।

(भाई वसु के लिए)

ई इज ईक्वल टू एम सी स्क्वायर

एक दिन
दौड़े आए आइन्स्टाइन
सोमू के पास
बोले—"सोमू- सोमू"
यार।
कोई मज़ा नहीं है
वस्तुओं के बीच नियम खोजने में,
उससे कहीं ज़्यादा मज़ा आता है
आइस-पाइस में
दरवाज़े के पीछे छिपे लोगों को ढूँढ़ निकालने में।

अब भला कोई ये
शरीफ़ों का काम है
कि बेचारी रोशनी की कर दो कनेठी
और उससे कहो
बिजली पैदा करे,
खदेड़ते रहो नक्षत्रों को दिन-रात
और यहाँ तक कि
नन्हे से बेचारे इलेक्ट्रॉन तक को
चैन से न रहने दो।

अब कुछ दिन चैन से रहूँगा...
पेड़ों को लगा दूँगा पंख,
चाँद को लम्बी नाक
और सूरज को लगा दूँगा
कड़ाही जैसे कान

तुम्हारे साथ नहाऊँगा
गंगा जी में छपा-छप
और हनुमान जी की पूँछ पकड़
डाँक जाऊँगा समुद्र
लेकिन...।

अगर एक दिन
दौड़े आए आइन्स्टाइन सोमू के पास...
तो क्या करेगा सोमू।
जबकि मिला है ढेर-सा होमवर्क
और बनने के लिए आइन्स्टाइन
होने लगे हैं कम्पटीशन।

जनरल कम्पार्टमेंट में जिजीविषा

फुटबोर्ड-टॉयलेट-दरवाज़े के ऊपर
        बर्थ पर-अर्थ पर लोग-लोग-लोग,
बेंत की टोकरी में क़त्ल के लिए जाते,
एक पर एक लदे-फँदे-बँधे मुर्गों की तरह।
खेतों के पास रुकी ट्रेन में बाहर से हल्की हवा,
        अन्दर भभक मारती सड़ान्ध भरी गर्मी के झोंके...
पसीने से चिपचिपाते शरीरों से
        उठती तपिश कुछ भाप-सी...।
कम्पार्टमेंट का अँधेरा,
        तरह-तरह की धाँस से भरा है,
एक हलकान बच्चे की चीख़,
        गोठिल अँधियारे से टकराती है।
दो दिन से,
        इसी तरह खड़े उकड़ूँ बैठे लोग
        गठरी-मुठरी बोरा-झोला, बैगों से फँसे-धँसे।
आत्मीयता रखी जा सके,
        उनके बीच उतनी भी जगह नहीं छोड़ी गई है।
एक नया गैस चैम्बर,
        जिसमें ज़िन्दगी की उम्मीद से चले लोग...
                धीरे-धीरे मार दिए जाते हैं
भीड़ में धँसे लोग पेशाब रोकने के तनाव में,
प्यास से उगती कीलों ने शब्दों को ठोंक दिया है
आदमी होने के अहसास को मारने की साज़िश में।
ये क्यों जा रहे हैं इतना झेलते हुए?
        ताकि पटरियाँ बिछती रह सकें,
                ताकि रेलगाड़ी चलती रह सके,

ताकि ये सब यात्रा पर रहें,
एक निरन्तर सफ़र पर रहे दुनिया—आगे की ओर।

धीरे-धीरे थकान ने,
कन्धों के अपरिचय को मिटा दिया
साँसें एक-दूसरे के कन्धों को पकड़ कर चलने लगीं।

इसी बीच
माचिस की डिब्बी पर तीली की हल्की ठोकर,
पसीने से धुले चेहरे चमक उठते हैं...
एक धुएँ का गुबार मुँह से उठता है—भक...
चल पड़ता है जिजीविषा का इंजन,
बीड़ी से बीड़ी
बात से बात चमकती है।
जीवन के जुगनुओं-सी चमकती बीड़ियों की चिनगारी
शब्दों की ठंडक।
'साला आदमी का कोई कीमत नहीं'
'बाबू लोगन का मजा है'
'कहाँ के हौ भइया?...कहाँ काम करत हौ दिदिया?

बिलासपुर, आरा, बक्सर, दिल्ली, कोहिमा...।
फिर नौकरी-चाकरी बाल-बच्चा, नाता-रिश्ता,
सुख-दुख।

ट्रेन की उमस में फदक-फदक उठते शब्द,
मकई के दानों से,
लइया—गलचौर—नमक—बतकही...।
हवा की तलाश में हुलस कर उठता है
बिदेसिया का करुण स्वर;
ताल देती है सुर्ती की फट-फट,
जुगलबन्दी करती है, ट्रेन की सीटी...
ट्रेन रेंगती है...हवा का एक झोंका...
गाड़ी के भीतर...गाड़ी के बाहर,
अँधियारा हरिया उठता है।

अन्नप्राशन

तब नहीं उगे थे दाँत मेरे
और नहीं हुआ था अन्नप्राशन भी,
नहीं खाया था अन्न
        तो स्वाद नहीं जानता था मिट्टी का,
        स्वाद नहीं जानता था आदमी का
        और अपरिचित था
        आदमीयत की महक से।

पर उम्र कभी रुकती नहीं
नुकीले विचार झुकते नहीं
और नहीं दबे रह सकते मसूड़ों में दाँत,
मसूड़ों ने सहलाना शुरू किया और...
दाँतों ने दस्तक दी—
'हम बाहर आना चाहते हैं'
ताकि वे चुभ सकें दहकती रोटी में,
        आग की लज़्ज़त जान सकें
ताकि वे गड़ सकें अमरूद में,
        पानी का उपजाऊपन महसूस कर सकें
ताकि वे लड़ सके लोहे के चनों से
        दुश्मन की ताक़त अन्दाज़ सकें।

तब कुछ भी ठोस नहीं ले पाता था मैं
        न अन्न, न विचार
फिर जैसे मसूड़ों में कुछ कुलबुलाने लगा—
मिट्टी में अंकुरों ने रोशनी की राह ली,
प्रश्नों से दिमाग़ ने दिल की थाह ली,

दाँतों ने चीरना शुरू किया मसूड़ों को।

मैं मसूड़ों पर घिसता था मसूड़े,
मुँह में कुछ भी डाल चबाता रहता था,
पेट ख़राब रहने लगा,
        रहने लगा हल्का बुखार...
बुज़ुर्गों ने (जिनके ऐसे ही निकल चुके थे दाँत)
कहा—'इसके दाँत निकलने वाले हैं'

दाँतों ने चीरा मसूड़ों को...
मैं आसपास की हर घटना पर सही-गलत
        रखने लगा अपनी राय,
विचारों में नहीं थी बहुत संगति
अस्फुट-अधबने-अधपके से थे,
        पर विचार थे और गतिशील थे।

उन्होंने स्वीकार कर ली थी
        दुनिया को जानने की चुनौती,
जैसे दाँतों ने स्वीकार कर लिया था...
        मेरे ख़ून की माँग को।
दाँत जब उगने लगे
        आँतों ने समझा
        अपनी बढ़ती हुई भूमिका को;
दूध से अन्न को पचाने की
        बढ़ती हुई कठिनाई को।

जब बुद्धि भिड़ गई प्रश्नों से
        तो आत्मा ने समझी
        अपनी बढ़ती हुई भूमिका
        विचारों के अहसास की
        प्रतिबद्धता में लय होती साँस की।
हैं अब दाँत मेरे
बुज़ुर्गों ने जिनके निकल चुके हैं दाँत ऐसे
कहा—'दूध के दाँत हैं'

मैं जानता हूँ,
अभी मुझे पत्थर के दाँत आने हैं...
विचारों में भरने मुझे
लौहता के माने हैं
पर चलो—
ठोस खाने की शुरुआत तो हो ही गई है,
बुद्धि मेरी अकुलाहट आत्मा में तो
बो ही गई है।

साइन बोर्ड

कलकत्ता नहीं जा पाऊँगा अब कभी,
पिता वाली बम्बई खो गई जाने कहाँ,
जाने कहाँ गया भइया की यादों वाला मद्रास
वहाँ भी जाना नहीं हो पाएगा दोबारा...!
अभी बाक़ी है...
सोनी, सोरित, विकास, सुभाष...और
मिर्ज़ा ग़ालिब की दिल्ली
चलूँ जल्दी से मार आऊँ एक चक्कर—
सुना है कि कोई इन्द्रप्रस्थ दफ़्न है वहाँ।

ये अँधेरी रातें हैं
कहते हैं भूत जागते हैं इनमें...।
समझ नहीं आता
इतिहास बनाने की नाकामी
कैसे छुप सकती है इतिहास लिखने से
और इतिहास लिखने की नाक़ाबिलीयत
कैसे दब सकती है
इतिहास बनाने के दावों के
तार सप्तकीय शोर से।
और...इन दोनों ही असमर्थताओं से
कैसे उबरेंगे हम
सिर्फ़ साइन बोर्ड पेंट कर।
ये अँधेरी रातें हैं
और सुना है भूत जागते हैं इनमें...
चलो साथी लालबहादुर! अकबर इलाहाबादी चलो!
कैसे रह पाओगे यहाँ?
सुना है कोई प्रयाग शहर नाख़ून तेज़ कर रहा है।

दक्खिन टोला

इधर मुँह कर
न लगाए गए तिलक
न लिटाए गए मुर्दे
न ज़िन्दगी न मौत
दोनों के बीच एक आह-सा थरथराता
अजीवन!

यहाँ आ कर पानी मर गया
सिकुड़ गए खेत
आसमान ने छत को दबा दिया
हवा छूत बिरकाती रही
हम सब से क़रीब थे उसके
लेकिन हमारी नहीं थी वह
पर-कृति थी...
प्रकृति!

यहाँ से रुदन उठा गान नहीं
छाले फोड़े पैरों के नाचे नहीं
संस्कृति थी संस्कारों की
मेहनत के अलावा...कोई
संस्कार नहीं था अपना
भाषा अपभ्रंश थी, बोली रही
अभंग!

हम निकले हैं दक्खिन टोले को
गठरी-सी लादे पीठ पर
आप के शहर की गली-गली में ढूँढ़ते

आदर्श समय की विषुवत् रेखा
हमारे टोले से समय गुज़रा था
इतिहास नहीं!

मेरे यार! मेरे पिता!

सुनो ए आदमी!
तुम्हें,
जिसे सब मेरा पिता कहते हैं
और मैं भी कह देता हूँ सबके कहे-कहे,
तुम्हें मैं हमेशा से दोस्त समझता रहा...
तुम्हारी पीठ पर धौल मार कर कहना चाहता रहा—
यार!
तुम नहीं सुधरोगे!

राजनीति पर,
उद्दंडता की हद तक उत्तेजित होकर
बहस करना चाहता रहा।
कविता की बारीक़ नक्काशियों को,
तुम्हारे माथे की सिकुड़न में
समझना चाहता रहा।
तुमसे अपने प्रेम के बारे में बात करना चाहता रहा;
तुम्हारे प्रेम के बारे में सुनना चाहता रहा
और पूछना चाहता रहा
क्या तुम्हारी वही प्रेमिका
मेरी माँ है?

पर सबने तुम्हें
ईश्वर बना दिया...
मैं तुमसे अपने सृष्टा की तरह मिला,
मैं तुम्हारी अदना-सी कृति था
हाथ बाँधे तुम्हारे निर्णय की प्रतीक्षा में।

सबने तुम्हें ईश्वर बना दिया ओ आदमी!
और मुझे थमा दिए

तुम्हें सिद्ध करने के लिए
आसान ज़िन्दगी के मंत्र
तुम मेरे ईश्वर नहीं हो
न ही
तुम्हें प्रसन्न करने के लिए
पढ़ सकता हूँ
आसान ज़िन्दगी के मंत्र।
ठीक है न ओ आदमी!
तुमसे क़मीज़ बदलना चाहता हूँ,
जूते बदलकर पहनना चाहता हूँ...
मेरे यार!
मेरे पिता!!

अपनी रोटी के हिस्से से मनोरंजन कर चुकाते हमनवाओं का कहना

1

हम हैं
        इतिहास के उत्पादक,
दुनिया की राजनीति की
        सबसे बड़ी ताकत,
पर यह उत्पादन और वह राजनीति
जहाँ जाकर मिलते हैं,
उस 'राज्य' के एजेंडे पर
        "क्यों नहीं हम?"

हमने पैदा की विज्ञान की सभी खोजों की
        सचेत अन्त:प्रेरणा,
कलाओं को जन्म देने वाले
        अपरिमित जीवन हैं हम,
पर यह विज्ञान और वह कला
मिलते हैं जहाँ
        उस 'रजतपट' पर
"क्यों नहीं है, इस ज़हरीली परिस्थिति से लड़ती
हमारी अमर्त्य जिजीविषा की अनमनीयता?"
इस राज्य की संवेदना
या सिनेमा के कैमरे की फोकस दूरी पर
क्यों नहीं हमारी ज़िन्दगी की सच्ची वेदना।
क्यों???

यह पट अभी तक 'रजत' है?
इसे अपनी आस्था के लोहे से चुन दो
और अपनी पीड़ाओं के
        कोयले से धधका कर
        'लाल' कर दो।

2

बन्द होते ही हॉल की बत्तियाँ
अनगिनत लोग

परछाइयों में होकर तब्दील
बन जाते हैं 'प्रतिक्रिया विहीन—रिसीवर'
उमसीले अँधेरे में
बन्द दरवाज़ों पर
चमकता है फ्लोरोसेंट लाल 'एक्जिट'
टिकट चेकर की टॉर्च के बावजूद कुछ नहीं सूझता...
जीवन-समर शेष है अभी तक
हम देखेंगे नायक को अन्तिम लड़ाई जीतते।
मूल्य सूचकांक के निर्मम तीर
जब हमारा दिल भेद रहे होंगे...
हम देख रहे होंगे 'वर्गेतर' प्रेम को
        परवान चढ़ते।

जब इस ऑक्टोपस-राज्य के
फन्दे हर ओर से हमें घेर रहे होंगे
तब हम देख रहे होंगे अकेला दुश्मन
और उसका शिरोच्छेद करता
भीड़ से सैकड़ों फुट लम्बा
अकेला नायक।
छद्म देशीयता में जब
हॉलीवुड की
इज़ारेदारी की
सबसे सूक्ष्म और मारक तलवार

हर सीट पर अलग-अलग और
साथ-साथ लटकती है...
विकृत पूँजीवादी सत्तर एम. एम. के
भीमकाय पर्दे पर
मध्ययुगीन विश्वास
अश्लील मंत्र पढ़ते हैं।

हम सबके दिमाग़ की विद्युत
मरने लगती है धीरे-धीरे
तंत्रिकाएँ सुन्न पड़ने लगती हैं...
हम सब हाई वोल्टेज नशे की धीमी-धीमी...
धीमी मौत मरने लगते हैं,
एक ईस्टमैन कलर झूठ हमारी आँखों में
हमारे ख़ून में तैरने लगता है।

हॉल से बाहर निकलकर
जब बाज़ार की ताक़तें हमारी जेबों
की अस्तर तक से
पैसे की गन्ध सोख लेती हैं,
हम वर्गविमुख
दुनियादार सन्त हो चुके होते हैं
क्षमाशील,
धर्मशील, डरपोक
इसी बीच हमें सुलाकर चैन से गढ़ता है
नए मंत्र
हमारा शासक!

हम सब कुछ अलग-अलग देखते हैं,
हर सीट इतनी जुदा-जुदा न हो
तो हम पर्दे के दृश्य बदल सकते हैं
और दमक सकता है सिनेमा हॉल
पर्दे से संवाद करते
एक जागृत समूह से
और शिनाख़्त की जा सकती है

उन हाथों की
जिनके रिमोट कन्ट्रोल
हॉलों में प्रोजेक्टर चला रहे हैं।

उम्मीदों के ख़िलाफ़

हमें अपनी उम्मीदों के लिए
बहुत सारी उम्मीदों के ख़िलाफ़ लड़ना होगा
नई दुनिया की अपनी ममता में
उस ममता के ख़िलाफ़ लड़ना होगा
जो अक्सर अपने पीछे
पीछे हटने के बहाने को छुपाए रहती है।

परिभाषित अपने सम्बन्धों की उम्मीद से लड़ना होगा
उस बैठक की उम्मीद से लड़ना होगा
जहाँ हर शाम गुज़ारते आए हैं हम
उन होंठों की उम्मीद से लड़ना होगा
जिनमें दबी सिगरेट
अभी तक हमारी माचिस से सुलगती आई है
और उन होंठों की उम्मीद के ख़िलाफ़ भी
जो हमारे होंठों से हमेशा मिले रहना चाहते रहे हैं

सलोने अपने सपनों के लिए
बहुत सारे सपनों से लड़ना होगा

बाहर से दिखते
ठोस आवरण के बीच
कहीं कोई लिजलिजा-सा घोंघा बैठा है
हमारे भीतर
हमें उस घोंघे की उम्मीदों के ख़िलाफ़ लड़ना होगा
माना बहुत कुछ छूट जाएगा हमसे
कुछ लम्हे छूट जाएँगे

दुपट्टे के छोर की तरह
देखना छूट जाएगा शायद कई बार
फूल से ओस का टपकना
छत पर टप-टप टपकती
चाँदनी का संगीत
कई बार नहीं सुन पाएँगे हम
जब चाँदी-सी चाँदनी हर घर पर एक सी टपकेगी
उस दिन की उम्मीद में
हमें इस चाँदनी की उम्मीद से लड़ना होगा
माना बहुत कुछ दुखेगा हमसे
जो हमें पलकों पर बिठाए रहना चाहती थीं
सजल वे आँखें
भटकेंगी हमारे पीछे रास्तों पर
हमें उन आँखों की उम्मीद से लड़ना होगा

जो कुछ जुड़ा है हमसे
कुछ न कुछ चाहेगा ही
रज़ाई हमसे गर्मी चाहेगी
कमरा हमसे एकान्त चाहेगा
घर चाहेगा सुरक्षा
चौखट चाहेंगे वन्दनवार
अपने शरीर की गर्मी बचाए रखने के लिए
हमें रज़ाई की उम्मीदों के ख़िलाफ़ लड़ना होगा
अजन्मे अपने भविष्य शिशु की आस्था में
हमें बहुत सारी आस्थाओं के ख़िलाफ़ लड़ना होगा

हमें लड़ना होगा
सपनों के लिए सपनों के ख़िलाफ़
ममता के लिए ममता के ख़िलाफ़
उम्मीदों के लिए उम्मीदों के ख़िलाफ़।

लोकतंत्र : एक कोलाज

उन्हें जनादेश नहीं मिला
फिर भी वे
जनता को आदेशित कर रहे थे
वे अपने सारे उम्मीदवारों के
पूर्णांकों का कामन ले रहे थे
और प्राप्तांक आपस में जोड़ रहे थे
इस तरह सभी अयोग्य उम्मीदवार
        उत्तीर्ण हो गए थे
उन्होंने कई बलात्कारों को मिलाकर
एक प्रेम की संज्ञा दे दी थी।

काला हाँडी में
एक माँ ने
अपने एक बच्चे को दूध पिलाने के वास्ते
दूसरे बच्चे को
        सेठ को बेच दिया है
वह बच्चा सेठ के मन्दिर में
        गणेश जी के दूध पीने का
        चमत्कार देखता रहा
और अब वह शहर में
सेठ जी के पोस्टर साँट रहा है
जिसमें उन्हें डेयरी का ठेका
        दिलाने की माँग की गई है।

वे हफ़्ता वसूली करते थे
अलग-अलग इलाक़ों में
धन्धे की सुविधा के लिए
        एक हुए वे
और कहने लगे
जनता एक हो गई है
और हमी वसूली करें
यह उसकी सामान्य इच्छा है

वे सब सन्त थे
धन मद माया मोह सबसे ऊपर
इसलिए पवित्र राष्ट्र की
पवित्रतम प्रतिनिधि सभा में
जो कि देवर्षियों और ब्रह्मर्षियों की
अध्यक्षता में बनाई गई थी
अर्थनीति जैसी सांसारिक बातों पर बहस को
        वे पाप समझते थे।

दि इंडियन रिपब्लिकन प्राइवेट कम्पनी लिमिटेड के
शेयर धारकों के बीच
ऊँची बोलियाँ लगने का मौसम है
वे धर्म का लाभांश देंगे
वे जनेऊ का
और उनके पास आम्बेडकर की मूर्ति के हाथों में पकड़ी
संविधान की काल्पनिक प्रति का डिविडेंट है
कुछ भूतपूर्व विद्रोही
अच्छे और मानवीय मैनेजमेंट से
जनता की शोषण मुक्ति के आकर्षक इश्यू जारी करेंगे
नौकरशाह तेजड़ियों और मन्दड़ियों की तरह
        पाले बदलेंगे

शेयर की तरह
जनता के 'होल्डर' बदले जाएँगे
पुलिस 'बुल' लाठियों से बटोर रहा होगा पेपर

गुंडे सौदा वार्ता आयोजित कर रहे होंगे
दूसरी कम्पनियों के लोग
शेयर ख़रीदकर कम्पनी पर क़ब्ज़े की सोचेंगे
बैंक के उच्चाधिकारियों की शक्ल में
चुनाव आयोग
लोकतंत्र के इस पूरे घोटाले को अंजाम देगा।

उस समय
गायों के अतिरिक्त रक्षणीय कुछ भी नहीं था
औरतें, बच्चे, बूढ़े,जवान
        संस्कृति और पर्यावरण से बाहर थे
पर्यावरण की शुद्धता और
आर्य संस्कृति ही
        चुनाव का मुद्दा थी
उसमें सफलता के लिए
गौ रक्षणी सभा के
पहले यज्ञ में
सौ मनुष्यों की बलि दी गई।

विज्ञापनों की तरह दरपेश हैं चुनाव
पार्टियों के बाज़ार में मतदाता
विकल्पों से हैरान हैं
        यानी किसमें है सुपर शक्ति
विकल्प यानी स्वतंत्रता
स्वतंत्रता यानी लोकतंत्र
कोई है...कोई है...कोई है...ऽऽऽ!
कौन चलाएगा पाँच साल सरकार
गति को तो छोड़िए
दाँव तो पहिए को गोल बनाने पर लगा है
वह हाथ जिसे पालना था
        शरीर को
        वह भारी हो चुका है इतना
        कि शरीर उसे ढो रहा है
साइकिल चल रही है धक्के से

व्हील के दाँतों से अलग बिल्कुल अलग
चेन नाच रही है
...यानी कि
साइकिल का चलना अलग काम है
और पैडिल का चलना निहायत दूसरी बात
यानी कि
लोकतंत्र!

उन आम चुनावों में
ग़रीबी से बदहाल जनता के लिए
जो सबसे ज़रूरी रास्ते थे
उनके निशान
मत पत्र में नहीं थे
वे निशान
कुछ अजनबी और कुछ
जाने-पहचाने से
मतदाताओं की पंक्ति के बाहर थे
मतपत्र की छपाई के वक़्त
कम्प्यूटर के हाथ नहीं आए थे
वे मानव मस्तिष्क की
उर्वरतम कोख में पल रहे थे
'विधर्मी' नीरू और नीमा के हाथों
आकार पा रहे थे
उनमें ठप्पे नहीं लगने हैं
उन पर प्राणों की दस्तक दी जानी है

आज बहुत दिनों बाद फ़ुर्सत से
रुच-रुच कर नहाया
प्यार आया अपने ही बदन पर
शीशे के सामने खड़े होकर
पोंछा बदन
बाल काढ़े जतन से—

सँवरा करीने से
अचानक...
घिन आई अपनी कंचन-सी काया से
जैसे किसी हिंसक व्यवस्था में
शान्तिपूर्ण मतदान की ख़बर से आती है।

वैष्णव जन

वैष्णव जन
आखेट पर निकले हैं
उनके एक हाथ में मोबाइल है
दूसरे में देसी कट्टा
तीसरे में बम
और चौथे में है दुश्मनों की लिस्ट!

वैष्णव जन
आखेट पर निकले हैं!
वे अरण्य में अनुशासन लाएँगे
एक वर्दी में मार्च करते
एक क़िस्म के पेड़ रहेंगे यहाँ।

वैष्णव जन
आखेट पर निकले हैं!
वैष्णव जन साँप के गद्‌दे पर लेटे हैं
लक्ष्मी पैर दबा रही हैं उनका
मौक़े पर आँख मूँद लेटे हैं ब्रह्मा
कमल पर जो बैठे हैं

वैष्णव जन
शिकार पर निकले हैं!
जो वैष्णव नहीं होंगे
शिकार हो जाएँगे...
देखो क्षीरसागर की तलहटी में
नरसी की लाश सड़ रही है।

मुखौटे

फुले की पगड़ी थे हम
सावित्री का फहराता आँचल
आम्बेडकर के चश्मे की कमानी थे हम
कोई पूछे तो कह देते थे
बिरसा के धनुष की खींची हुई प्रत्यक्ष प्रत्यंचा हैं हम
कहते थे
चार्वाकों के जले हुए ग्रन्थों से
उड़ती राख हैं
(हर अत्याचारी आँखें बचाए अपनी)

कौन सी कुंठा थी
पहचान का कौन-सा संकट
कि हमने अपना चेहरा उतार
पहन लिया है एक मुखौटा
जिसे हासिल करने के लिए
हमें जलानी थी कुछ बस्तियाँ
उतारनी थी गर्दनें।

अब वही मुखौटा चेहरा है अपना
जिससे लड़ने में गुज़र गई सदियाँ

अब गर्व से कहें हम मुखौटे हैं
और शर्म से कहें हम हार गए।

ख़ून

ख़ून को कहाँ खौलना था
और...कहाँ खौला मेरे भाई!
हफ़ीज़ भाई की
सिलाई मशीन पर,
बुढ़वे मंगल की
अमरूद की ढेरी पर,
रफ़ीक़ की फूल-सी बिटिया की देह पर
हमारी मर्दानगी खिल उठी थी।

ख़ून को कहाँ खौलना था
और...कहाँ खौला मेरे भाई!
सुनते हैं लोहे की वजह से
होता है रंग लाल ख़ून का...
हमने न तो
लोहे को क़ायदे से बरता
न ख़ून को,
मौत को लगा दिए
लोहे के डैने
और ज़िन्दगी के चेहरे पर
ख़ून मल दिया
ख़ून को क्या रंग दिखलाना था
उसने क्या रंग दिखाया भाई!

ख़ून हमसे कहता है

मैं ऊब गया हूँ

इनसान की जगह
मर्दों की रगों में बहते रहने से
ख़ून हमसे कहता है!
क्या तुम नहीं ऊब जाते
फुटपाथ पर मिलती
मर्दानगी की दवा की तरह
राष्ट्रभक्ति की गोलियाँ चूसते।
सूखे हलक पर टपकती
पानी की बूँदों की मानिन्द
ख़ून बुदबुदाता है धीरे-धीरे
चलो मैं ख़ून न सही
पानी ही सही।

कौसर बानो की अजन्मी बिटिया की ओर से

सब कुछ ठीक था अम्मा!
तेरे खाए अचार की खटास
तेरी चखी हुई मिट्टी
अक्सर पहुँचते थे मेरे पास...।
सूरज तेरी कोख से छनकर
मुझ तक आता था।

मैं बहुत ख़ुश थी अम्मा!
मुझे लेनी थी जल्दी ही
अपने हिस्से की साँस
मुझे लगनी थी
अपने हिस्से की भूख
मुझे देखनी थी
अपने हिस्से की धूप।

मैं बहुत ख़ुश थी अम्मा!
अब्बू की हथेली की छाया
तेरे पेट पर देखी थी मैंने
मुझे उनका चेहरा देखना था
मुझे अपने हिस्से के अब्बू देखने थे
मुझे अपने हिस्से की दुनिया देखनी थी।

मैं बहुत ख़ुश थी अम्मा!
एक दिन
मैं घबराई...बिछली
जैसे मछली...

तेरी कोख के पानी में
पानी में किस चीज़ की छाया थी अनजानी...
मुझे लगा
तू चल नहीं घिसट रही है
मुझे चोट लग रही थी अम्मा!
फिर जाने क्या हुआ
मैं तेरी कोख के
गुनगुने मुलायम अँधेरे से निकलकर
चटक धूप
फिर...
चटक आग में पहुँच गई।

वो बहुत बड़ा ऑपरेशन था अम्मा!

अपनी उन आँखों से
जो कभी नहीं खुलीं
मैंने देखा
बड़े-बड़े डॉक्टर तुझ पर झुके हुए थे
उनके हाथ में तीन मुँह वाले
बड़े-बड़े नश्तर थे अम्मा...
वे मुझे देख चीख़े!
चीख़े किसलिए अम्मा...
क्या ख़ुश हुए थे मुझे देखकर

बाहर निकलते ही
आग के खिलौने दिए उन्होंने अम्मा!
फिर तो मैं खेल में ऐसा बिसरी
कि तुझे देखा नहीं...
तूने भी अन्तिम हिचकी से सोहर गाई होगी अम्मा!

मैं कभी नहीं जन्मी अम्मा!
और इसी तरह कभी नहीं मरी
अस्पताल में रंगीन पानी में रखे हुए
अजन्मे बच्चों की तरह

मैं अमर हो गई अम्मा!
लेकिन यहाँ रंगीन पानी नहीं
चुभती हुई आग है!
मुझे कब तक जलना होगा...अम्मा!

(कौसर बानो की बस्ती नरोदा पाटिया, अहमदाबाद पर 28 फरवरी, 2002 को हमला हुआ। वह गर्भवती थी। हत्यारों ने पेट चीरकर गर्भस्थ शिशु को आग के हवाले कर दिया। इस कविता में शिशु को लड़की माना गया है कुछ अन्य संकेतों के लिए।)

बलात्कार

मेरे भीतर एक खला है
एक मन में एक देह में।

वह खला
जिसमें रचना होती है
और तहज़ीबें जन्म लेती हैं।

मेरे भीतर एक खला है
जिसमें मैं एक शरीर रचती हूँ
और रचती हूँ एक मन।

मगर खला के ख़ालीपन के इस लोकतंत्र को
तुम सह नहीं पाते
मठ के मतों से अड़से हुए लोगो!
तुम बार-बार भरते हो मेरे
विनम्र ख़ालीपन को
कभी क्रूरतम कुंठाओं से
कभी पथरीले पुरानेपन से
और कभी मर्द मज़हबी किताबों से।

हिन्दू राष्ट्र के शहीदों के प्रति

जहाँ जली वह ट्रेन
उसके अगले स्टेशन पर हिन्दू राष्ट्र था।

जैसे विश्व विजय थी
कारगिल के उस पार
हालाँकि अभी मंजूर नहीं थी अमेरिका को।

वैसे ही जैसे
अमेरिका और अम्बानी दोनों को मंजूर नहीं था
फ़िलहाल हिन्दू राष्ट्र।
जले दुधमुँहे बच्चे
अभी जिन्हें हिन्दू बनाया जाना था
जली वे औरतें
जो धरम के कारखाने में
दिहाड़ी मज़दूर थीं
जले वे बेचारे पुरुष
जिन्हें ठोंक-पीटकर मर्द बनाया जा रहा था।

जलते हुए इन मासूमों की चीख़
राष्ट्रगान लगी
अगले स्टेशन पर बैठे लोगों को।

जिन्होंने ट्रेन में आग लगाई
उनका राष्ट्र पिछले स्टेशन पर छूट चुका था।

(गोधरा में मारे गए लोगों के लिए)

गाय

उसकी सींग से लिपटा
फड़फड़ाता है लहूलुहान दुपट्टा
उसके खुरों पर मढ़ा है
इनसानी चमड़ा
वह चबा जाती है
किताबें
उसकी पागुर से
ज़हर टपकता है...
बहता है रक्त
उसके थनों से
गाय के थनों से रक्त बहता है।
कौन दुहता है उसे!!

('झझ्झर' में गाय को मारने के आरोप में भीड़ ने पाँच दलितों को मार डाला था।)

बुद्ध की बेटियाँ

श्रावस्ती
नाम के एक शहर में
एक छोटा-सा गाँव था
जिसमें बुद्ध नाम का
एक किसान रहता था।
बुद्ध की दो बेटियाँ थीं
फूलजहाँ और झुबरी
फूलजहाँ
फूल जैसी थी
झुबरी थी झरबेरी जैसी।
माँ नहीं थी दोनों की
तो बेचारा बुद्ध
दिन भर खेत में जूझता
और बेटियों की परवरिश भी
उसके ज़िम्मे

बुद्ध को पूजा-इबादत करते
किसी ने नहीं देखा
किस धरम का था
किसी को पता नहीं
बस
मेहनत-मशक्कत के बाद
गाँव के किनारे
बूढ़े पीपल की छाँव से टिककर

आसमान तकता
और बुदबुदाता...
जीवन दुख है!
लेकिन जब नन्हे-नन्हे पैरों पर
फुदकती हुई फूलजहाँ और झुबरी
आकर गोद में समा जातीं तो
विचार बदलने लगते उसके
तो यही था बुद्ध का जीवन
यही दर्शन।

तब ढेरों आफ़तें थीं खेती पर
खाद महँगी थी
सरकारी बीज बाँझ थे
क़र्ज़ बहुत लम्बा-चौड़ा था
और अक्सर
सल्फास से कीड़े नहीं
किसान मरा करते थे
उन दिनों
नीलगाय नाम का
एक जंगली जानवर
फसलें उजाड़ देता था।
जन्तुशास्त्री कहते थे
नीलगाय और गाय में
कोई समानता नहीं...
लेकिन संस्कृतिशास्त्री
नाम के आधार पर
दोनों को एक ही खाने में रखते थे।

वह वस्तु विनिमय का ज़माना था
मुद्रा हर जगह चलन में नहीं थी
अनाज के बदले अनाज
आँख के बदले आँख
और जान के बदले जान जाती थी
ख़ुद गाय भी

दूध के बदले ख़ून लिया करती थी
तब मुद्रा बहुत जगहों पर
चलन में नहीं थी।

बुद्ध तका करता था
खेत में खड़ी फसल को
नीलगाएँ उजाड़ती थीं
अगले साल के सपने।
सो बुद्ध और उसके साथियों ने
खदेड़ी नीलगाएँ और कहते हैं...
कि शायद मर भी गई उनमें से एकाध
वह वस्तु विनिमय का ज़माना था
न्याय धरम का चलता था
और बुद्ध के धरम का पता नहीं था।
बहरहाल
जब एक गाय के बदले
पाँच आदमी मरते हों
तो कम से कम
एक नीलगाय के बदले
दो बच्चियाँ तो दी ही जानी थीं...और
उस गाँव में
दो बच्चियाँ
सिर्फ़ बुद्ध के पास थीं
फूल जैसी फूलजहाँ
झरबेरी जैसी झुबरी

अब बुद्ध एकदम अकेला है
मेहनत-मशक्कत के बाद
गाँव के किनारे
बूढ़े पीपल की छाँव से टिककर
बुदबुदाता है
फूलजहाँ!! फूलजहाँ!!
झुबरी! झुबरी!!
दोनों आती हैं पकती हुई बालियों की पायल पहने

उसकी ओर
और ढेर सारे खुर
रौंदते चले जाते हैं सपनों को।

(श्रावस्ती ज़िले के एक गाँव में 13 मार्च, 2003 को एक नीलगाय को मारने के आरोप में भीड़ ने 12 लोगों के घर जला दिए। जिसमें फूलजहाँ और झुबरी जलकर...! श्रावस्ती बुद्ध की तपस्थली है।)

राम मन्दिर

पड़ोसी के
झालर वाले लड़के की
बलि दी
अपने लड़के की जान
बचाने के लिए

अड़ोसी की
नाबालिग लड़की से
किया बलात्कार
मर्दाना ताकत
वापस पाने के लिए

बेवा भाभी की जान पर
मारण मंत्र पढ़वाया
जायदाद पर
क़ब्ज़े के लिए।

अगर टोटके ये सारे
सही निकले
तो इन्हीं से
बन जाएगा
राम मन्दिर भी।

हॉन्टेड हाउस दि थ्रिलर

मेहरबान! आपकी तवज्जो चाहूँगा
ये स्क्रिप्ट ज़रा हटके नहीं बहुत हटके है
हॉरर फिल्म है...और नाम दिया है मैंने
हॉन्टेड हाउस दि थ्रिलर...!

ये एक भुतहे घर के बारे में है
एक ऐसा घर जिसमें चार दीवारें नहीं हैं
सड़कें हैं अछोर घर के भीतर से गुज़रती हुई;
सुनिए मेहरबान! ग़ौर कीजिएगा
ये फ़िल्म हॉरर फिल्म मेकिंग के सारे
मेयार बदल देगी—
एकदम ताज़े बिम्ब ताज़े टटके
एकदम ताज़ा डर...रस टपकाता हुआ।

यहाँ भय दरवाज़े के पीछे से नहीं निकलेगा
चौंकाता हुआ आपको
बल्कि चौराहे-चौराहे
मंच बाँधकर बाँटा जाएगा...कुछ भी
नहीं होगा अचानक...बल्कि पूर्व नियोजित
लम्बी तैयारी के इत्मीनान के साथ।
बिम्ब बदल दिए जाएँगे सब
बिल्ली की आँखों के बजाय
गाँजे से रक्ताभ सीकरी के सन्तों की मादक आँखें
आपको डरा देंगी;
भूत किसी लड़की के नहाते वक़्त
बाथ टब से नहीं निकलेगा

बल्कि शहर की सारी सड़कें होंगी
एक विशाल बाथ टब
जिनसे गुज़रती हुई
हर लड़की के भीतर से
डर गुज़रेगा...
उनका मज़हब बदलता हुआ!

न कोई सलीब न तांत्रिक
न तंत्र न मंत्र
न बियाबान न क़ब्रिस्तान
बस भीड़ भरे चौराहे पर
कोई कहेगा आपके कान में—'डेमोक्रेसी'
और आप पसीने से तरबतर हो जाएँगे

न दरवाज़े की चरमराहट
न उल्लू न चमगादड़
न मकड़ी के जाले
बस कुछ पवित्र किताबों के
पन्ने सरसराएँगे
एक चिरन्तन प्रेम का कवि
अपनी कलम छिड़केगा
और आपकी पेशानी पर छाले पड़ जाएँगे

सीलन की ज़रूरत नहीं होगी
न अँधेरे की
शॉपिंग विंडो की चमचमाहट में
आप टटोलने पर मजबूर हो जाएँगे
अँधेरे से नहीं बल्कि रोशनी से
धुँधला जाएगी आपकी नज़र
अति नएपन से बजबजाता एक
विश्वव्यापी गाँव आपके सिर को दबोच लेगा
और पुरानेपन के कई छोटे-छोटे गाँव
जोंकों की तरह आपके पैरों से चिपट जाएँगे;
फिल्म में नहीं होगा कोई दोमुँहा अजदहा

आप ख़ुद दो अजनबियों में टूट जाएँगे।
न कोई बीभत्स मुखौटा
न नाख़ून
न ख़ून के धब्बे
न बिजली की कड़कड़ाहट
बस कोई दोस्त आपसे पूछ लेगा
तुम्हारा मज़हब क्या है
और आपकी रीढ़
बर्फ़ की तरह ठंडी हो जाएगी।

इन्स्टालेशन

मैं इस मंज़र में
शामिल होना चाहता हूँ!
इस जली हुई
साइकिल की तीलियों में
मैं अपनी चप्पल फँसाकर छोड़ दूँगा।
उस कुचले हुए
टिन के सन्दूक पर
फाड़कर डाल दूँगा क़मीज़ अपनी।
उस रौंदे हुए रेहल पर
मैं चश्मा अपना
सजा दूँगा तोड़कर।
झुलसी हुई
गुड़िया के पैताने
झुलसा के फेंक दूँगा ख़्वाब अपने।
धुँआ उगलते
दरवाज़े की साँकल में
कलम लटका दूँगा
कूचकर अपनी।
जली हुई आयतों की
राख पर
लहू बिखरा दूँगा
अपनी आत्मा का।
जल रहे उस टायर में
डालकर गरदन अपनी
मैं जल मरूँगा
तबाह होते अपने शहर के साथ।

मैं इस मंज़र में
शामिल होना चाहता हूँ
मैं शामिल होकर
इस मंज़र में
इसको बदलना चाहता हूँ।

(वर्ल्ड सोशल फोरम मुम्बई (2004) में गुजरात पर एक इन्स्टालेशन देखकर।)

विचार!

स्तम्भित करते
        चौंकाते
        सम्मोहित करते हुए
        मत आओ विचार!
        ये सहारे तो लेते हैं
        कमज़ोर लोग...
तुम आओ उतनी सहजता से
जैसे कमरे में पसर जाती है धूप।

मुझे सहमत करो
        जीतो मत मुझे
        मेरे निजी विवेक का अंग बनो
        रचो
        बसो
        भिनो मुझमें!

स्तब्ध मत करो
जड़ मत करो
एक खुला-सा घर है
        मेरा ज़ेहन
आओ...रहो...सजाओ...बनाओ
ये घर तुम्हारा भी है
मगर मुझे मेरे घर से बेदख़ल न करो!

वजूद मेरा छोटा ही सही
एक राय है मेरी भी...मत है

इतिहास के आर-पार जाते विचार!
सत्ता का रोब बुरा है
बुरी है तानाशाही
ख़ुदा की हो या इन्क़लाब की।

गिद्ध

क़ब्रिस्तान के सूखे पत्तों का
सन्नाटा टूँगते
गिद्ध कहाँ गए!

सबकी छँटनी कर दी गई!
प्राइवेटाइज़ कर दी गई!
प्रकृति को साफ़-सुथरा करने की व्यवस्था।

मेहनत पर ज़िन्दा प्रकृति के ये संगठित मज़दूर—
कहीं भीख माँग रहे होंगे अब,
आत्महत्या कर रहे होंगे
बहुत मुमकिन है
कोई ख़ामोश तैयारी कर रहे हों।

काम बहुत बढ़ा है इस बीच
बढ़ा है लाशों का अम्बार
पर कहाँ है हमारे कामगार...
हरेपन के वे चुप्पे साथी
        गिद्ध कहाँ गए

विकास के किसी
हिंसक सौन्दर्यबोध ने
उनकी झोंपड़पट्टियाँ उजाड़ दी।

मशीन ने ले ली मज़दूरों की नौकरी
अब उनकी मेहनत का ख़रीदार कोई नहीं

नहीं—रोज़गार कोई नहीं।
जब अपने भी छोड़ देते हैं साथ
ऐसे घुप्प अकेलेपन में
अन्तिम समय के पार तक साथ निभाते
उदास आँखों
विनम्र गरदन
और मेहनती डैनों वाले गिद्ध कहाँ गए!
श्मसान के उजड़े पेड़ों के बासी
गिद्ध कहाँ गए!

बिलासपुर

प्लेटफॉर्म पर
दिख जाता है
इक टुकड़ा
वही शहर
जिस शहर को
जाती है गाड़ी...
इक टुकड़ा
बिलासपुर

ऊपर-ऊपर
बाबू लोग
गहराई में सूखे चावल का
छप्पन भोग
गुलाबी-हरा
चोटी का फीता-फटी शर्ट
कथरी—कटोरा
बच्चे—बचपन की
गँदलाई आँखें
हवा में डोलती
कटी हुई पाँखें
हँसी-हँसी
फिर उदासी
होंठों के कोर
दुख-दर्द
बतकही जरा-सी
जंगल-पठार

सपने-सुर्ती
प्लेटफार्म के छोर
बिलासपुर

बेबसी
बेकारी
बीमारी
बिलासपुर

जल-जंगल-जमीन
जवार-जाँगर-ज़िन्दगी
बिकाऊ है—बिकाऊ
बिलासपुर

अपनी ताक़त से
बेखबर अनजान
उकड़ूँ बैठा
आसमान
चाहिए रफ़्तार
रफ़्तार
जो है पहचान
प्लेटफॉर्म पर
वक़्त की तरह
आती है रेलगाड़ी
बिलासपुर।

कलादास

मानुस में इतनी ताक़त कहाँ
कि पूरी देह को बना ले बाजा
और बजा करे रात भर
कि उसके साथ गाएँ लाखों लोग
कि उसके साथ गाए लाल-लाल माटी
कलादास कहाँ गाता है!
उसके पेट में बैठी भूख गाती है।

भूख उठती है एक बवंडर की तरह
गाना बन जाती है
झंडा बन जाती है
और माटी की चादर
पूरे आसमान पर तन जाती है।

कलादास कहाँ गाता है!
उसके भीतर बैठा
बन्द कर दी गई मिलों का सन्नाटा गाता है।
उसके भीतर गाता है जंगल
लाखोंलाख पेड़ों की झकोर के साथ
उसके भीतर गाता है पहाड़
उठकर रैली में चल देने की ताब के साथ
उसके साथ गाते हैं चरिन्दे-परिन्दे
काम-धन्धे
रोज़ी-रोजगार
उसके भीतर कसी हुई मुठियाँ गाती हैं
मानुस में इतनी ताक़त कहाँ

कि आवाज़ का एक रास्ता बना दे
जंगल, पहाड़, मिलों और मुट्ठियों के साथ गाता है
कलादास।
कलादास कहाँ गाता है!
उसके पेट में बैठी भूख गाती है
जीवन की हूक गाती है।

(कलादास छत्तीसगढ़ मुक्ति मोर्चा की सांस्कृतिक टीम के गायक और मज़दूर हैं।)

पानी

1

मैंने पानी ख़रीदा
और मेरे तालू से ज़ेहन तक
काँटे उग आए।
मैंने जड़ों की अकुलाहट से
        गद्दारी की,
मैंने मिट्टी की चिहराई मुस्कानों से
        की दग़ा
मैंने मीलों प्यास ढोती
औरतों के तलुओं की सख़्ती
        बेची
मैंने पानी ख़रीदा
और हमेशा के लिए प्यासा हो गया।

2

अबकी दशहरे में
सबसे ज़्यादा क्या बिका!
न चरखी न गुब्बारे
न धनुष-बाण न बाँसुरी
न इकतारा न सोहन हलुआ
अबकी सबसे ज़्यादा बिका पानी!
आस्था के आढ़तियों ने बेची
जीवन की पहली आस्था...

पानी भी बिकेगा कलजुग में
उनके नाम पर,
राम जी जान गए थे शायद;
तो क्या करते!
पानी से लिपटकर जान दे दी
हे! राम!

बीस साल बाद भोपाल

आज की रात
हम सोएँगे नहीं!
आज आधी रात
ज़हरीली गैस से
छलनी फेफड़ों की
पोटली सँभाले
हमारी उदास आँखों में
इतिहास उतरेगा।
आज की रात
हम सोएँगे नहीं
आज आधी रात
हम इंसाफ़ की क़ब्र
साँसों से बुहारेंगे
आज रात रोएगी
सुबह के मुआवज़े के लिए
आज आँखों में जलन लिए
ख़ून की उल्टियाँ करता
सितारों का हूजूम
हमारी छतों से गुज़रेगा।
आज की रात
हम नहीं सोएँगे!
आज की रात
जब पेट में मरोड़ उठेगी
जब हाथ दुआ से
मुट्ठी तक आते-जाते रहेंगे
हम गाँव बन गई इस दुनिया के

बाबू साहब के दुआरे बैठे
तरक़्क़ी का मर्सिया गाएँगे
हम नहीं सोएँगे
आज की रात!

आग के सपने

मनभावती!
तुझे आग के सपने आते हैं क्या?
आग...।
जिस पर रोटी पकती है
और जो हमारे पेट का नसीब है।
अक्सर तुझे देखता हूँ जब।
बारूद को पछोरते-छानते
सुतली से बाँधते
तो सोचता हूँ
ज़रूर तू आग के सपने देखती है
जैसे मैं कविता के देखता हूँ।

सुबह से रात
घर-दुआर
बाबा लोगन के खेत में मजूरी
मजूरी नहीं तो साँस में बारूद पिरोना
तहसील के बग़ल की गल्ली में
घर से बीस किलोमीटर...।
तुझे खेत की मिट्‌टी से
बच्चों के चेहरे याद आते हैं मनभावती?
तुझे बारूद से अपना मरद याद आता है
पुलिस से बचकर...फरार?
एक दिन खेत में बारूद बो देना मनभावती!
नंगे हाथों तू पलोटती है बारूद
जैसे आटा सान रही हो...
मैं तुझे देखता हूँ ढलती शाम

क़स्बे के बाज़ार से बाहर निकलते हुए
तेरी थकी हुई चाल के इर्द-गिर्द
झूलते हैं तेरे लम्बे हड़ीले हाथ
तब मेरे मन में अक्सर आता है
अगर तेरे हाथों से
एक जलती हुई तीली छुआ दूँ
तो क्या वे फट पड़ेंगे मनभावती?

फ़र्ज़ी मुठभेड़

मेरी परछाईं
चाहती थी अपनी शख़्सियत
उसे ये हक़ न था
मैंने उसे समझाया
        ये नाहक है
वह नहीं मानी...
नहीं मानी तो
मैंने पीटते-पीटते उसे
        मार डाला
और फिर ख़ून से सनी
बरामद की डायरी
डायरी की बरामदगी के बाद
चलन निकला
परछाइयों के कत्ल होने लगे
ये इशरत जहाँ

किसकी परछाईं थी?

(मुम्बई की इशरत जहाँ आतंकवादी होने के शक में 15 जून 2004 को अहमदाबाद में मार डाली गई।)

मांस के झंडे

देखो हमें
हम मांस के थरथराते झंडे हैं
देखो बीच चौराहे बरहना हैं हमारी वही छातियाँ
जिनके बीच
तिरंगा गाड़ देना चाहते थे तुम
देखो सरेराह उघड़ी हुई
ये वही जाँघें हैं
जिन पर संगीनों से
अपनी मर्दानगी का राष्ट्रगीत
लिखते आए हो तुम
हम निकल आए हैं

यूँ ही सड़क पर
जैसे बूटों से कुचली हुई
मणिपुर की क्षुब्ध तलझती धरती

अपने राष्ट्र से कहो घूरे हमें
अपनी राजनीति से कहो हमारा बलात्कार करे
अपनी सभ्यता से कहो
हमारा सिर कुचलकर जंगल में फेंक दे हमें
अपनी फौज से कहो
हमारी छोटी उँगलियाँ काटकर
स्टार की जगह टाँक ले वर्दी पर
हम नंगे निकल आए हैं सड़क पर
अपने सवालों की तरह नंगे
हम नंगे निकल आए हैं सड़क पर

जैसे कड़कती है बिजली आसमान में
बिल्कुल नंगी...
हम मांस के थरथराते झंडे हैं।

(मणिपुर में जुलाई 2004, सेना के कुछ जवानों ने मनोरमा की बलात्कार के बाद हत्या कर दी। मनोरमा के लिए न्याय की माँग करते महिलाओं ने निर्वस्त्र हो प्रदर्शन किया। उस प्रदर्शन की हिस्सेदारी के लिए कविता...।)

सहस्त्राब्दि के मुहाने पर औरतें

शून्य खंड

पूर्व-विराग

अगर निहारना होता
केवल तेरा चेहरा एक जनम
तो शायद मैं ऊब जाता
और यह अकेले खेलने वाले बूढ़ों के ताश से
कुछ ज़्यादा मज़ेदार नहीं होता
यूँ तो एक बार तेरा चेहरा देखता हूँ
एक बार फूल को
एक बार ज़िन्दगी को;
बहुत सारे चेहरों के साथ
बहुत सारे फूलों के साथ
भागती ज़िन्दगी में तेरे चेहरे को देखना
तेरी ख़ूबसूरती है
और रोज़ ज़्यादा निखरती तेरी ख़ूबसूरती तो
खुद में एक रफ़्तार है।

फुटनोट

एक पराये घर से
दूसरे पराये घर के बीच
लड़की
सदियों से तलाश रही है अपनी ज़मीन
(तू तो नदी थी लड़की,
तुझे ठहरना किसने सिखाया?
हवा में गिरह लगाई तो किसने?)

भूमिका

सुनो गति की बेटी!

नाच राधिके!
सुन गति की बेटी नाच!
नाच कि थिरक उठे
यह मंच
और मन हमारे,
मंच के चारों कोनों को तहकर
उछाल दे आसमान की ओर
और आसमान को खींचकर नीचे
उस पर नाच!
हमें पता है
कई निगाहें लहरों से लहरती तेरी बाँह पर नहीं
तेरे सीने पर टिकी होंगी
माधवी लता-सा लचकता तेरा शरीर,
रस नहीं उठा रहा होगा उनके मन में
उनके मुँह में लार बन रही होगी
पर तू नाच राधिके!
कि हम भी इसी प्रेक्षागृह में हैं।
हमारी आँखों की तितलियाँ
जा-जा बैठती हैं तेरी उँगलियों के खिलते फूलों पर
तेरी आँखें और पैरों की गति से
बँधी है सृष्टि की लय।

नाच राधिके!
कि तेरी वेणी के फूल बिखर जाएँ

चारों ओर,
महक उठे हवा इस प्रांगण की,
तेरी बाँहों की लहर में बह उठें
दिल हमारे।
हमारी वैचारिक जिजीविषा की उमंग
तेरे पैरों की तालों से जुड़ी है,
तेरी गति से ही तय होनी है
गति इस जड़ समाज की
और उस गति से निखरना है
रूप तेरा!
तू नाच राधिके!
तू रुकी तो हम हार जाएँगे!

पहला खंड

घर में औरतें

ये तो मूरत थी 'देवी' की और जब प्राण प्रतिष्ठा का वक़्त आया तो वहाँ प्राण-वायु कहाँ थी, रसोई की धुआँती घुटन थी...।
ये अनिकेत स्वामिनी बैठी है देहरी पर। उसका एक पैर घर के भीतर है, एक बाहर। एक साँस अपनी है एक पराई, कमर में खुँसी हैं चाभियाँ और ज़बान पर ताले लटकते हैं।

छोटी बहू को नसीहत

छोटी बहू!
हटाओ इस तानाशाह घूँघट को
जिसने किसी तांत्रिक की तरह बाँध दी है तुम्हारी नज़र
और लगातार जगह लेता जा रहा है
तुम्हारे दृष्टि पटल की।

सवाल

लड़कियाँ नहीं होतीं
तो क्या मकड़ियाँ जाला नहीं लगातीं
कपड़ों पर मैल नहीं जमता
बेअदब हवाएँ कपड़ों पर धूल नहीं डालतीं
क्या घरों में सारी गन्दगी
लड़कियों की चप्पलों से आती है
लड़कियों की अधूरी इच्छाओं के चकत्ते न हों रोटियों पर

तो क्या स्वाद नहीं चढ़ता?

सूचना : समीकरण

माँ की उम्र 50 साल
रोटी बनानी शुरू की थी 10 साल की उम्र से
40 साल के दिन 14600
इतने दिनों तक माँ
सिर्फ़ रोटी बनाती रही
या
रोटी बनाने की चिन्ता में जीती रही।

माँ

माँ हमसे छुपाकर पल्लू से पोंछ लिया करती हो
कोरों में अटके कुछ आँसू...
हम पढ़ने लगे हैं दरवाज़ों की ओट में छुपी
तुम्हारी सिसकियों का अभिशप्त संगीत
प्राचीन लिपियों की तरह अनजानी
तुम्हारी कोख की भाषा हम पढ़ रहे हैं।

हम जानना चाहते हैं
अपनी ज़िन्दगी में तुम कहाँ थी माँ?
टपकती हुई छत थी,
रसोई में सीलन थी,
सड़क पर बेरहम धूप,
दर्द से टपकते रिश्तों की बेमेल रदीफ़ थीं—
उनमें तुम कहाँ थीं माँ?
और आज जब हम निकले हैं तलाशने
तुम्हारी पहचान
कुछ अकृतार्थ उम्मीदों के टुकड़े भर मिले हैं हमें।
हम समझना चाहते हैं तुम्हारा इतिहास

हमारे लड़ने के लिए
बस इतना ही तर्क काफ़ी है
कि हमने अपनी माँ के चेहरे पर
एक बेआवाज़ ज़िन्दगी को
थकते देखा है।
कभी यूँ भी होता है माँ!
कि अपनी निजी डायरी के पुराने पन्नों की
बदरंग इबारत को ही छू लो
तो महसूस होने लगता है
कि लड़ने का वक़्त आ गया है।
वक़्त आ गया है अपनी निजता में छुपे हुए समूह को
पहचानने का।
जब दुख की भाप से धुँधला गया हो
आईना दिल का,
दोस्त की आँख में अपना अक्स पहचानने का
वक़्त आ गया है।

वक़्त आ गया है
पिता की मौत से भी भयानक ख़ामोशी को कुरेदने का,
असमय, भाई के चेहरे पड़ती झुर्रियों में
दुश्मन की शिनाख़्त करने का
बहन की पीठ के दुहराव के कोण को
अपनी कलम से नापने का,
प्रिय के दर्द की किताब के सहमे शब्दों को
भरोसा दिलाने का वक़्त आ गया है।

जाने किन बदनीयत धूपों ने सोख लीं
हमारी शबनमी पहचानें माँ?
हम अपनी विरासत के दस्तावेज़ लेने आए हैं
तुम्हारे पास
और तुम्हारे साथ चलेंगे इन्क़लाब तक
अपना नया परिचय-पत्र हासिल करने

दर्द होता, कुछ दोस्त भी होते गर

नहीं होती इतनी टूटन
पर दर्द था
और दोस्त नहीं थे
जिनकी हमराज़ हथेली पर रख सको
तुम अपना दमकता हुआ दुख।

इन्क़लाब का मतलब समझती हो माँ!
बस इतना, इतना समझ लो
कि ढेर सी सन्तानें अपनी अकेली माँ के पास
दोस्त बनकर पहुँच जाती हैं
और माँ...जिसे रोने के लिए अकेलेपन की ज़रूरत थी,
पहली बार अपने अपने 'नए दोस्तों' के सीने में सिर छुपाकर
फफक पड़ती है।
माँ हमेशा छुपाकर पल्लू से पोंछ लेती हो आँसू
तुम्हारे पल्लू की नमी समझने लगे हैं हम
इन्क़लाब के रास्ते।

माँ, बड़ी, छोटी और दुख

माँ ने
पुराने कपड़ों से
बदल लिए बर्तन
पुरानी शीशियों
और टिन के डिब्बों के बदले ली
छोटी के लिए प्लास्टिक की चप्पल
पुराने अख़बारों के बदले पैसे
बड़ी की किताबों के लिए

माँ
कभी नहीं बदल पाई
अपना ढेर-सा पुराना दुख
किसी छोटी-सी खुशी से।

दूसरा खंड

...उफ़ ये बेरहम धूप
अब तो घर भी नहीं हैं...
सिर्फ़ सड़कें हैं अनन्त तक
फैली हुईं...

कम्पेशनेट ग्राउंड

चौथ के करवा को
ठोकर मारते हुए
टूटी चूड़ियों से खुरचती हुई
चौखट पर ऐपन
विधवाएँ काम पर जा रही हैं।

गौरीशंकर के छत्र का का भरम टूट चुका है,
तीज का चाँद
सुहाग को ठंडा नहीं रख पाया,
निर्जला व्रत रखने वाली औरतें
पसीना चुआते
रीति-रिवाजों के गुनाहों से दूर
शोहदों के कन्धों की रगड़ झेलते हुए
काम पर जा रही हैं
रुपये-आने-पाई के ठंडे रिश्तों को
अब घर में ही नहीं
सड़कों पर—दफ्तर में भी
झेलेंगी विधवाएँ,

वे काम पर जा रही हैं।
एक बर्बर और हिंस्त्र राज्य की चौहद्दियों में
नारी मुक्ति
बरास्ते अकाल मौत तय होनी थी
प्रश्न उठने थे त्रासदियों से,
ये घर से निकलती औरतें
तमाम ज़िन्दगियों का हिसाब भी माँगेंगी।
शायद डर गए हैं इससे मालिकान हमारे
कहते हैं—
क़फन का हक भी
अब उनके रहम का ख़्वाहिशमन्द होगा।

तीसरा खंड

आज़ादी के पचास साल : एक समालोचना औरतों के द्वारा 'हम भी मुँह में ज़ुबान रखते हैं'—

धर्म और औरतें

शाहबानो मर गई!
भोपाल के
किसी चौराहे पर
किसी नुक्कड़ पर
कहीं देखी है मूर्ति
शाहबानो की?
कोई दवाखाना, स्कूल, अनाथालय शाहबानो के नाम पर
ऐसे ही सूनेपन में
शाहबानो मर रही थी
शाहबानो मर गई।

संविधान सर्वोच्च है,
संविधान को बदल सकती है संसद,
संसद को बदल सकती है जनता,
जनता है प्रतिनिधियों के हाथ में,
प्रतिनिधि फिर से पहुँच जाते हैं संसद में,
इसी चक्र से
कट रही थी शाहबानो

शाहबानो कट गई।
शाहबानो 'सोज़े वतन' की सबसे शानदार प्रति है
उसके बारे में बात करना गुनाह है।
मगर उबाल को
बहुत देर तक फूँक-फूँक बैठाया नहीं जा सकता।
शाहबानो मर गई
इस बात ऐलान करते हुए
कि धर्मगग्रन्थों में लग गई है दीमक
और पहचान लिए गए हैं
उन पर गेमेक्सीन छिड़कने वाले हाथ।
शाहबानो का तलाक़
सब लोग जानते हैं
नहीं जानता कोई
उसके निकाह के बारे में,
शाहबानो के निकाह में तय
मेहर की रक़म
ये सारा हिन्दुस्तान है
ये हरज़ाने के तौर पर उसे दे दो।

न्याय और औरतें

'मैं' भँवरी देवी!

हम वकील हैं, भँवरी देवी के।
नहींऽऽऽ...!
कोई प्रमाण-पत्र प्रस्तुत नहीं करेंगे हम
        हम वकील हैं—क्योंकि हमने चाहा
        क्योंकि भँवरी देवी ने चाहा।
सबसे पहले कटघरे में बढ़ेगी
मुजरिमों की संख्या...
"ऑब्जेक्शन मी लॉर्ड
आरोप साबित होने के पहले
मुल्जिमों को मुजरिम न कहा जाए"
"ऑब्जेक्शन ओवररूल्ड
आरोप मुकदमे के पहले ही साबित है"
हाँ तो अर्दली भाई!
इस बलात्कार के अपराधियों को आवाज़ दो।
बुलाओ राज्य को
                संविधान को
        और उसकी शपथ लेकर खड़ी सरकार को
        विपक्षी दलों को
और सर्वोच्च न्यायालय से कहो
        सर्वोच्चतम न्यायालय में बाअदब सिर झुकाकर प्रवेश करे
        और भी...
        जिसकी आत्मा पर इस सिस्टम की स्वामिभक्ति का
                शपथपत्र छपा हो सबको।
भँवरी देवी आप बोलें

कि क्रान्तिकारियों ने कटघरों को अक्सर बना दिया है मंच
हम नहीं आए केवल एक मुक़दमा लड़ने
यह कटघरा है 'मुक्तिबोध' की मेज़
जहाँ बदली जाती हैं परिभाषाएँ
और शब्दों में नए अर्थ भरे जाते हैं
आपका नाम—भँवरी देवी!
माँ का नाम—शाहबानो!
बोलिए
        आपके बोलने से परिभाषाएँ तय होंगी
बलात्कार के मायने
        बोलिए कि ग़रीबी से बड़ा कोई बलात्कार नहीं—
और औरत माने है पंचायत की ज़मीन
और इज़्ज़त के माने हैं
        जवाहर रोज़गार योजना का पैसा
और न्याय है तेज़ाब से झुलसी आँखों के लिए सुरमा
मुक़दमा है अश्लील चुटकुला।
वे तो कुछ भी नहीं थे
        जो खड़े हैं इस वक़्त कटघरे में
        वे पूरे कांड पर हँसते हुए
        कुछ बेशर्म कुत्ते थे
जिनकी ठंडी लार
भँवरी देवी के शरीर को छू गई थी
सवाल ये है कि वे
किसके दुआरे पर दुम हिलाते थे?

राज्य और औरतें

सुनो सत्या!

कैसी रातें होती हैं ऐसी!
कैसी रात थी वह
अँधेरों ने अख़्तियार कर ली थी ख़ौफ़नाक शक्लें,
रात के निकल आए थे नाख़ून
कोठरी की सीलन ने जज़्ब कर ली थी तुम्हारी चीख़,
आसमान में टँगे तारों की
मासूम आँखों से टपकी थी रोशनी....
लहू की मानिन्द....

और वह लहू
        बुदबुदा रहा था नाम तुम्हारा
        मिथलेश!! मिथलेश!!
ऐसी रात थी वह जब
ग़ुलामों की गिनती का ग़ुरूर,
और ज़मीन की ताक़त
और पूँजी की क्रूरतम चालों का सत्व
उन विपन्न वंचित देहाती पुरुषों की ज़बान से
        अधिकार-वासना बनकर टपका था।

तुम्हारी आत्मा पर पड़ी हुई
खरोंचें पोंछने के लिए
उछाल दिए चन्द काग़ज़ के टुकड़े
                तुम्हारी ओर...
        उस व्यवस्था ने

जिसके पास मुआवज़ा हर चीज़ का है
जान का
संवेदना का
सत्य का
सुनो सत्या!

एक ओर तुम हो
एक ओर बलात्कारी
और बीच में है सरकार मुआवज़ा लिए
और ठीक इसी जगह
हम इतिहास का एक महत्वपूर्ण प्रश्न पूछ सकते हैं
'राज्य सत्ता ने औरतों की दलाली कब शुरू की थी???'

(यह कविता मिथिलेश के लिए है। वह हरिद्वार की रहने वाली है, जिसे अपने प्रेमी के साथ चले जाने पर उसकी जात पंचायत ने रात भर बलात्कर की सज़ा दी। एक छोटी-सी झोंपड़ी में रात भर चौदह पुरुष...।)

चौथा खंड

(मैं सर्वहारा हूँ...सर्वहारा...सर्वहारा...सर्वजेता...मेरे पास खोने के लिए कुछ नहीं है और पाने के लिए...)

सगुनाबाई!

'सगुनाबाई'
सुनने से तो लगता है
तुम एक औरत होगी।
लेकिन जाने क्यों,
जब तुम्हारा नाम ज़ेहन में आता है
आँतें कुलबुलाने लगती हैं
और एक पेट का चित्र खिंच जाता है
पीठ से सटा,
झुर्रियों में भूख का इतिहास छुपाए,
महाअन्धकूप से भी गहरा...
जिसकी गहराई से
साँय-साँय करती बनैली हवा की मानिन्द
भूख टकरा कर गूँज जाती है
और जिसका अनुवाद कभी भी एक रोटी नहीं होता।

सगुनाबाई!
छत्तीसगढ़ में
संस्कृति और पर्यटन विभाग के पोस्टरों में
तुम्हारी तस्वीरें है कि नहीं?
वे क्यों नहीं समझते कि औरतें सिर्फ़ संस्कृति नहीं हैं।

और गिलट की पेटी के नीचे
कैसी हिंसक भूख का जानवर
पेट को खरबोटता है
और एक दिन उस औरत को
पूरे कुटुम्ब के साथ
        मौत की लपलपाती जीभ के हवाले कर देता है।

कभी अपना ही चेहरा
कितना गद्‌दार हो जाता है न
        सगुनाबाई!
कि झोंपड़ी के बाँस से सिर टिकाकर
कैमरे की ओर देखते ही
लैंडस्केप में बदल जाता है।
जहाँ कई दिनों की अविरल क्षुधा का कोई चिह्न नहीं होता।
सगुनाबाई! नाम सुनने से लगता है
तुम एक औरत होगी।

भारी बरसात से सड़ती फसलें
        पटापट गिरते ढोरों के बीच
        ढहते आदमियों का क्या कोई नाम बचता है
        सगुनाबाई!
जो तुम्हारा बचेगा?
सगुनाबाई!
इस वक़्त
जबकि अक्षय पात्र के मालिकों से लड़ना
आदमी बने रहने की एकमात्र शर्त हो।
'इनसान' से ज्यादा गौरवपूर्ण नाम क्या होगा!

परिशिष्ट

मेरी हम

दुनिया में सबसे ख़ूबसूरत
    नहीं है कुछ भी
क्योंकि किसी ख़ूबसूरत चीज में
ख़ुद भी और ख़ूबसूरत बनने की सम्भावना बनी रहती है
        जैसे कि तुम, मेरी हम!
हम नहीं जानते
कि दुनिया के सबसे हसीन फूलों को
    कैसे आवाज़ देते हैं
    कैसे छूते हैं नज़ाकत से
    दुनिया की सबसे रंगीन तितलियों को
और जिससे करते हैं मोहब्बत
    उसके लिए कैसे चुनते हैं
    अपनी सबसे अच्छी मुस्कान
    हम नहीं जानते
प्यार हो या दोस्ती
बहुत कम मिले हैं हमें
    हमें प्यार बनाना हैं अपनी मेहनत से
दोस्ती गढ़नी है
मैं तुझे बहुत प्यार करता हूँ
पर मैं उस लड़की से और ज्यादा प्यार करता हूँ
    जो कल तुझे होना है...

(सहस्त्राब्दि के मुहाने पर औरतें क़तार बना रही हैं...।)